KANN MAN EXPLODIEREN, WENN MAN EINEN FURZ ZURÜCKHÄLT?

SKURRILE FRAGEN UND FASZINIERENDE ANTWORTEN FÜR TEENAGER

LAUREN CLEARWELL

EINFÜHRUNG

Okay, lass uns etwas klarstellen, bevor wir in diese verrückte und wunderbare Reise eintauchen. Die Wahrheit ist, dass du dich entschieden hast, dieses Buch zu lesen, weil du ein Teenager mit einigen ziemlich coolen Fragen bist, auf die du unbedingt Antworten finden möchtest. Nicht wortwörtlich natürlich. Zugegeben, diese Fragen mögen ein bisschen seltsam erscheinen, aber selbst komische Fragen brauchen echte Antworten!

Dein brillanter junger Verstand ist wahrscheinlich voller wunderbarer Fragen, die dir durch den Kopf schießen könnten, wenn du versuchst, deine Hausaufgaben zu vermeiden oder einfach nur an die Decke starrst. Diese Fragen könnten von *Warum klingt meine Stimme so komisch, wenn sie aufgenommen wird?* bis hin zu *Wenn ich einen Furz zurückhalte, explodiere ich dann?* reichen. Ja, du bist neugierig, und weißt du was? Das ist großartig und Teil dessen, was dich einzigartig macht, und hey, hier gibt's keine Verurteilung!

Also lass mich damit anfangen, dir Folgendes zu sagen: Du bist nicht allein. Menschen jeden Alters haben manchmal seltsame, verwirrende Fragen wie *Warum lachen wir, wenn jemand stolpert?* oder *Ist es wirklich möglich, mit offenen Augen zu niesen?* Geben wir es zu: Das sind die Arten von Fragen, die jeden zum Innehalten und Nachdenken bringen könnten.

Nun, die gute Nachricht ist, dass *Explodiert man, wenn man einen Furz zurückhält: Neugierige Fragen und faszinierende Antworten für Teenager* dein goldenes Ticket ist, um Antworten auf einige der verrückten Rätsel des Lebens zu finden, die du nicht ganz erklären kannst. Aber bevor du mit *Ist das ein Wissenschaftslehrbuch?* anfängst, keine Sorge; dies ist keine langweilige Sammlung trockener Fakten. Nein, absolut nicht! Dieses Buch ist vollgepackt mit urkomischen Antworten und allem, was du über einige der Merkwürdigkeiten des Lebens wissen musst. Du wirst einige ziemlich coole Dinge entdecken, die deine Freunde dazu bringen werden, zu sagen: »Moment, das stimmt wirklich?« oder »Wo hast du das denn herausgefunden?«

Und hier ist die Sache: Neugierig zu sein ist einer der besten Aspekte des Teenager- und Menschseins überhaupt. Warum also nicht einfach mitgehen und deinen Geist mit Wissen füllen? Entscheide dich, authentisch zu sein und all die seltsamen, wunderbaren und völlig verrückten Dinge im Leben zu erforschen, über die manche Menschen vielleicht nachdenken, aber nie wagen, darüber zu sprechen oder nach Antworten zu suchen.

Es ist wichtig zu wissen, dass du stolz darauf sein solltest, Fragen zu stellen. Und rate mal? Je seltsamer die Frage, desto besser! Immerhin bist du nicht irgendein Teenager;

du bist ein zukünftiger Quizmaster. Also schnall dich an und mach dich bereit für eine der seltsamsten, lustigsten und unterhaltsamsten Reisen durch einige der merkwürdigsten Fragen des Lebens, die du je unternehmen wirst.

Ob du dieses Buch zum Lachen, für Trivialwissen oder einfach nur liest, um deine Freunde mit umwerfenden Fakten zu beeindrucken – es ist vollgepackt mit allem, was du brauchst. Also, nur zu, sei selbstbewusst, sei stolz auf deine Neugier, und lass uns einige der seltsamen Fragen der Welt und noch seltsamere Antworten erforschen. Lass den Spaß beginnen!

TEIL I

DER SELTSAME UND VERRÜCKTE MENSCHLICHE KÖRPER

1

WARUM SIND MENSCHEN SO ENTSPANNT BEIM GERUCH IHRER EIGENEN FÜRZE?

Hier ist ein stinkendes Rätsel: Warum stört uns der Geruch unserer eigenen Fürze nicht? Es ist, als hätten sie in der Welt der Gerüche einen VIP-Status erhalten. Was ist also los? Nun, es läuft alles auf Vertrautheit hinaus. Dein Körper ist an seine eigenen natürlichen Düfte gewöhnt.

Wenn du einen Furz lässt, sagt dein Gehirn im Wesentlichen: *Ich habe schon Schlimmeres gerochen – das ist wirklich keine große Sache.* Das ist einfach Teil der ganzen *Menschsein*-Erfahrung, ähnlich wie du den Geruch deines eigenen Zimmers nicht störend findest, selbst wenn es etwas muffig ist, weil du dich daran gewöhnt hast.

Aber wenn jemand anders einen fahren lässt? Das ist eine völlig andere Geschichte. Dein Gehirn weiß nicht, was kommt, und schaltet sofort in den *Was zum Teufel ist das?*-Modus. Es ist wie der Unterschied zwischen dem Hören deines Lieblingssongs und dem plötzlichen Beschalltwerden mit der zufälligen Playlist eines anderen. Die

Unvertrautheit trifft dich wie ein Überraschungsangriff, und deine Sinne sind darauf wirklich nicht vorbereitet.

Fürze bestehen aus Gasen wie Stickstoff, Sauerstoff und Kohlendioxid – Stoffe, die für dich völlig harmlos sind. Da du derjenige bist, der diese Gase erzeugt, sieht dein Gehirn sie nicht als Bedrohung an. Wenn jedoch andere Leute furzen, ist ihre einzigartige chemische Mischung weniger vertraut, als ob die Playlist ihres Furzes nicht ganz zu deinem Vibe passt.

Letztendlich geht es um Komfort und Vertrautheit. *Deine eigenen Fürze?* Sie sind einfach ein weiterer Teil von dir. *Die von jemand anderem?* Eine Wendung, nach der du nicht gefragt hast. Aber hey, nimm's locker – es ist schließlich dein eigenes *Parfüm*, und du bist hier der Schöpfer!

IST ES MÖGLICH, MIT OFFENEN AUGEN ZU NIESEN?

D ie kurze Antwort auf diese faszinierende Frage ist ja, niesen mit offenen Augen ist möglich. Allerdings sollte ich wohl hinzufügen, dass die meisten Menschen gar nicht erst versuchen, dies zu tun, und der Gedanke kommt ihnen wahrscheinlich auch nie in den Sinn. Wenn du niest, führt dein Körper im Grunde einen großen, kraftvollen Reset durch, der deine Nase und Atemwege von unerwünschten Reizstoffen befreit.

Viele Reflexe des menschlichen Körpers werden beim Niesen aktiviert, einschließlich des automatischen Schließens deiner Augen. Es ist eine natürliche Reaktion, die verhindert, dass Keime oder Partikel in deine Augen gelangen.

Du könntest versuchen, mit offenen Augen zu niesen, aber es wird sich wahrscheinlich ziemlich unangenehm anfühlen. Die Muskeln, die die Augenbewegung und das Blinzeln steuern, sind mit den Muskeln verbunden, die du beim Niesen benutzt. Wenn du also niest, machen die Kraft und der Druck es fast unmöglich, die Augen offen zu halten, zumindest ohne echte Anstrengung.

Also keine Sorge. Du riskierst nicht, dass deine Augäpfel beim Niesen herausspringen. Obwohl es also physisch möglich ist, mit offenen Augen zu niesen, ist es wahrscheinlich am besten, wenn du deine Augen schließt – schließlich weiß dein Körper, was er tut!

WARUM HABEN WIR AUGENBRAUEN UND WAS IST IHR ZWECK?

Augenbrauen sind nicht nur da, damit du ausdrucksstärker aussiehst oder auf Social Media das perfekte *Augenbrauen-Game* zeigen kannst. Aber, seien wir mal ganz ehrlich: Das gehört auch zu ihrem Charme! Die Hauptaufgabe der Augenbrauen ist es eigentlich, eines deiner wertvollsten Geschenke zu schützen: deine Augen. Du kannst sie dir wie schicke kleine Schilde vorstellen, die Schweiß, Wasser und Staub von ihnen fernhalten. Es ist, als würden deine Augenbrauen sagen: »Nö, nicht heute, Regen!« oder »Weiterziehen, Schweiß!«, damit deine Sicht glasklar bleibt, wenn du sie am meisten brauchst.

Aber warte, es gibt noch mehr! Augenbrauen helfen dir auch dabei, ohne ein Wort zu kommunizieren. Vielleicht ist dir das bisher nicht aufgefallen, aber es ist wichtig, auf Augenbrauen zu achten. Sie bewegen sich, wenn jemand schockiert, verwirrt oder tief in Gedanken versunken ist. Deine Augenbrauen sind sowas wie das eingebaute Emoji-System deines Gesichts. Denk mal an das letzte Mal, als du überrascht wurdest. Hast du bemerkt, dass du vor Staunen die Augenbrauen hochgezogen hast? Nein, das ist kein seltsamer Reflex; das sind deine Augenbrauen, die ihren Job machen, um dir zu helfen, dich besser auszudrücken.

Und noch etwas, das dich überraschen könnte: Deine Augenbrauen spielen eine sehr wichtige Rolle dabei, anderen Menschen zu helfen, dein Gesicht zu erkennen. Ja, du hast richtig gelesen! Du hast dein ganz eigenes eingebautes High-Tech-Gesichtserkennungssystem. Seien wir ehrlich: Niemand wird dich mit jemand anderem verwechseln, wenn er dein charakteristisches Augenbrauenhochziehen sieht!

Also, während deine Augenbrauen vielleicht keine Superkräfte haben, sind sie sicherlich nützlicher, als nur stylish zu sein. Sie sind die stillen kleinen Helden deines Gesichts – sie schützen deine Augen, drücken deine Gefühle aus und stellen sicher, dass die Leute wissen, dass du es bist!

4

WARUM TRÄUMEN WIR, UND HABEN TRÄUME VERBORGENE BEDEUTUNGEN?

Träume. Sind sie eine abenteuerliche Erkundung deines Unterbewusstseins oder einfach nur dein Gehirn, das eine Party bis spät in die Nacht feiert? Ehrlich gesagt, weiß das niemand so genau. Was wir *allerdings* wissen, ist, dass Träume im Grunde die Art und Weise sind, wie dein Gehirn das Chaos des Tages sortiert – nur dass es dies nicht ordentlich tut, sondern alles durcheinanderwürfelt, und plötzlich reitest du auf einem Einhorn in Höchstgeschwindigkeit durch einen überfüllten Supermarkt.

Aber Träume drehen sich nicht nur um spannende Geschichten; sie helfen dir, Emotionen, Erinnerungen und all den zufälligen Kram in deinem Kopf zu verarbeiten. Es ist, als würde dein Gehirn entscheiden: *Okay, Zeit zum Aufräumen!* – nur dass es anstatt die Dinge ordentlich zu organisieren, deinen Stress in einen ausgewachsenen Actionfilm verwandelt, in dem du die Hauptrolle spielst.

Also, *bedeuten* Träume wirklich etwas? Einige Forscher glauben, sie helfen dir, mit ungelösten Gefühlen umzugehen.

Wenn du also davon träumst, nur mit deiner Lieblings-Leuchte-im-Dunkeln-Unterwäsche in der Schule aufzutauchen, versucht dein Gehirn dir vielleicht mitzuteilen, dass du viel gestresster bist, als du sein solltest. Oder es spielt dir einfach einen Streich.

Andere Leute denken, dass Träume nur die Art deines Gehirns sind, aus zufälligen Gedanken einen Sinn zu machen, was erklären würde, warum du dich plötzlich in einem tacoförmigen Raumschiff wiederfindest. Vielleicht fühlst du dich abenteuerlustig – oder vielleicht hat dein Gehirn einfach einen seltsamen Sinn für Humor. Ob deine Träume nun eine versteckte Bedeutung haben oder nicht, sie machen den Schlaf auf jeden Fall interessanter. Überdenke nur nicht zu sehr den einen Traum, in dem dich ein riesiger Pfannkuchen jagt.

5

WAS IST MUNDGERUCH AM MORGEN?

Ah, du kennst wahrscheinlich Mundgeruch am Morgen. Ich würde sagen, das ist einer der Teile des morgendlichen Aufwachens, den die meisten Menschen am wenigsten mögen. Also, was passiert da eigentlich? Na ja, ehrlich gesagt dreht sich alles um Bakterien.

Wenn du tief und fest schläfst, geht dein ganzer Körper, einschließlich deines Mundes, in den *Ruhemodus* über, und die Speichelproduktion verlangsamt sich. Das bedeutet, dass während du schläfst, weniger von diesem natürlichen Mundwasser vorhanden ist, um deinen Mund frisch zu halten. Die Bakterien werden also aktiv, während dein Mund sich ausruht, und ernähren sich von übrig gebliebenen Essensresten. Das Ergebnis? Dieser herrliche Morgenmundgeruch.

Morgenmundgeruch mag dir vielleicht etwas peinlich sein, aber es ist wirklich nichts, worüber du dir Sorgen machen solltest; es ist ein völlig normaler Teil des bemerkenswerten Menschen, der du bist! Jeder bekommt ihn, selbst diejenigen, die stolz behaupten, dass sie noch nie Mundgeruch hatten. Die Realität ist, dass er morgens einfach schlimmer ist, weil die Bakterien in deinem Mund so viele Stunden Zeit hatten, eine unbeaufsichtigte Party zu feiern, während du geschlafen hast, und dein Mund keine Chance hatte, sich aufzufrischen.

Warum riecht es nun so schlecht? Nun, diese hungrigen Bakterien produzieren Schwefelverbindungen, wenn sie übrig gebliebene Nahrung abbauen, und diese Verbindungen verleihen dem Morgenatem diesen »Bäääh«- Geruch. Wenn dein Atem also riecht, als wäre etwas in deinem Mund gestorben, ist das nur die Art deines Körpers zu sagen: *Wir hatten eine wilde Nacht! Danke!*

Zum Glück ist Morgenmundgeruch etwas, das du ziemlich leicht beheben kannst, indem du deine Zähne putzt, Mundwasser benutzt und Wasser trinkst, wenn du aufwachst. Wenn du also das nächste Mal mit dem gefürchteten Morgenmundgeruch aufwachst, denk einfach daran: Es ist die Art deines Körpers, dich am Morgen enthusiastisch mit einem ganz besonderen *Wach auf, Sonnenschein! Es ist Zeit zum Zähneputzen!* zu begrüßen.

6

KÖNNEN MENSCHEN WIRKLICH
SPONTAN IN FLAMMEN AUFGEHEN?

Das ist eine weitere ziemlich faszinierende Frage. Die Antwort darauf lautet »nein«. So cool und möglicherweise erschreckend es in Filmen auch klingen mag, die Vorstellung, dass du einfach so zufällig in Flammen aufgehen könntest, ist nichts, worüber du dir im echten Leben Sorgen machen musst.

Spontane menschliche Selbstentzündung (SMS) ist »die Vorstellung, dass jemand plötzlich ohne erkennbare Ursache Feuer fangen kann«, wie bei einem seltsamen Unfall oder durch unerklärliche Magie. Klingt dramatisch, oder? Allerdings gibt es keine stichhaltigen Beweise dafür, dass dieses Phänomen auf natürliche Weise auftritt. Was bei diesen seltenen Fällen tatsächlich passieren könnte, ist, dass ein kleiner Funke oder eine Flamme das Feuer entfacht und dann das Fett im menschlichen Körper wie ein riesiger Docht wirkt, der schneller brennt. Es ist keine spontane Selbstentzündung; es ähnelt eher einem Grillfest, das furchtbar schiefgelaufen ist, zu dem niemand eingeladen wurde und keine Marshmallows dabei waren.

Also, keine Panik davor, dass du dich in eine menschliche Fackel verwandelst, während du deine Lieblingsserie auf Netflix schaust. Wenn dir heiß ist, liegt das höchstwahrscheinlich nur daran, dass du vergessen hast, den Ventilator oder die Klimaanlage einzuschalten – nicht daran, dass du kurz davor bist, plötzlich in Flammen aufzugehen. Und wenn du dir Sorgen um die Kerzen oder Feuerzeuge machst, die im Haus herumliegen, wäre es eine gute Idee, dieses Buch für einen Moment wegzulegen und sie an einen sicheren Ort zu bringen. Abgesehen davon ist es viel wahrscheinlicher, dass du einen schrecklichen Sonnenbrand bekommst, als dass du spontan in Flammen aufgehst.

WARUM KLINGEN STIMMEN AUF AUFNAHMEN SO MERKWÜRDIG?

Hast du schon mal neugierig einer Aufnahme deiner Stimme gelauscht und gedacht: *Wer zum Teufel ist das?* Falls nicht, wird es höchste Zeit, dass du es tust, denn du wirst aus allen Wolken fallen – natürlich nicht wortwörtlich. Die eigene Stimme auf einer Aufnahme zu hören, kann sich anfühlen, als würde ein völlig Fremder mit dir sprechen. Aber keine Sorge, du wirst nicht verrückt. Deine Stimme klingt auf Aufnahmen tatsächlich anders, und wenn man darüber nachdenkt, ist es eigentlich ziemlich lustig.

Aber warum passiert das? Nun, wenn du sprichst, gelangt deine Stimme auf zwei Wegen zu deinen Ohren. Erstens, wie du es erwarten würdest, gibt es den Schall, der durch die Luft reist. Dann gibt es aber auch noch den Klang, der aus deinem Kopf kommt! Ja, du hast richtig gelesen – von innen aus deinem Kopf. Auch wenn du es nicht unbedingt bemerkst, vibriert dein Schädel, und diese Vibrationen transportieren eine vollere, tiefere Version deiner Stimme zu deinem Innenohr. Wenn du dich also selbst hörst, ist es, als hättest du einen speziellen VIP-Zugang zur *kompletten Deluxe-Edition* deiner eigenen Stimme.

Wenn du dir eine Sprachaufnahme von dir anhörst, nimmt das Mikrofon nur den Schall auf, der von außerhalb deines Kopfes kommt – die Luftversion. Es gibt keine zusätzlichen Schädelvibrationen und keine extra Tiefe. Deshalb klingt deine aufgenommene Stimme oft etwas höher oder dünner, als du es gewohnt bist zu hören. Du hörst im Grunde die *Radioversion* von dir selbst, nicht die 3D-Immersionsversion, die du im echten Leben erlebst.

Rate mal was? Mikrofone haben auch ihre eigenen Eigenheiten. Sie könnten bestimmte Teile deiner Stimme übertreiben, wie deine hohen Töne oder diesen eigenartigen Laut, den du machst, wenn du das Wort *Eichhörnchen* sagst. Deshalb können Aufnahmen dich manchmal wie eine völlig andere Person klingen lassen, sodass du dich fragst: *Bin das wirklich ich?* Also, wenn du das nächste Mal beim Klang deiner eigenen Stimme auf einer Aufnahme zusammenzuckst, denk daran: Es liegt nicht an dir, sondern an der Wissenschaft – und vielleicht ist das Mikro einfach kein Fan deines einzigartigen Stimmumfangs!

WAS PASSIERT, WENN DEIN FUSS EINSCHLÄFT?

Hast du schon mal eine Weile gesessen und plötzlich das Gefühl gehabt, dass dein Fuß zu einem seltsamen, tauben, albern wirkenden Klumpen geworden ist, der nicht zu dir gehört? Du versuchst, ihn zu bewegen, aber es ist, als hätte er beschlossen, ein Nickerchen zu machen, ohne vorher deine Erlaubnis einzuholen. Also, was passiert eigentlich, wenn dein Fuß einschläft?

Nun, es ist eigentlich kein mystischer Schlaf; es ist eher so, als würde dein Fuß einen kleinen Wutanfall bekommen, weil er nicht die Aufmerksamkeit bekommt, die er braucht. Das passiert, wenn du Druck auf bestimmte Nerven oder Blutgefäße ausübst. Meistens geschieht das, wenn du in einer unbequemen Position sitzt oder die Beine überkreuzt. Wenn dieser Druck zunimmt, kann er den Blutfluss unterbrechen und die Nervensignale, die zu deinem Fuß gehen, stören. Dein Gehirn beginnt, falsche Botschaften zu empfangen, und genau dann fängst du an, dieses merkwürdige Kribbeln zu spüren, das wir alle kennen und auf eine seltsame Art vielleicht sogar mögen.

Diese Empfindung nennt man Parästhesie. Es ist die Art deines Körpers dir zu sagen: *Hey, mir wurde ein bisschen zu lange Sauerstoff und Nährstoffe vorenthalten; könntest du dich bitte bewegen, damit ich aufwachen kann?* Wenn du schließlich deine Position änderst und das Blut wieder in deinen Fuß fließen lässt, beginnen die Nerven wieder richtig zu feuern, weshalb du das Gefühl von *Nadelstichen* spürst. Es ist, als würde dein Fuß sagen: *Juhu, endlich kann ich wieder was fühlen!*

Also, obwohl es super nervig ist, ist es eigentlich nur dein Körper, der ein bisschen dramatisch reagiert. Die gute Nachricht ist, dass es harmlos ist – nur eine kleine Erinnerung von deinem Fuß, ihm etwas Liebe zu schenken und zu vermeiden, zu lange in dieser unbequemen Position zu sitzen.

WARUM FÜHLEN SICH NIESER SO GUT AN?

Hast du je bemerkt, wie seltsam befriedigend das Niesen sein kann? Du kennst dieses Gefühl, wenn du einen Nieser eine Weile zurückgehalten hast, und dann, *bumm* – dein Körper bekommt endlich seinen großen Moment, und es fühlt sich an, als würde in deinem Kopf eine kleine Party steigen. Aber warum fühlt sich Niesen so gut an? Ist das irgendeine Art verstecktes Vergnügen, von dem uns niemand erzählt hat?

Es stellt sich heraus, dass Nieser so etwas wie der *Reset*-Knopf deines Körpers sind. Wenn du niest, befreit dein Körper sich von Reizstoffen – sei es Staub, Pollen oder einfach nur dieses zufällige Kitzeln in deiner Nase. Aber hier ist der Clou: Es geht nicht nur darum, diese Reizstoffe loszuwerden. Das Gefühl der Erleichterung und des Loslassens gehört zum ganzen Spaß dazu. Beim Niesen werden alle möglichen Muskeln in deinem Gesicht, deiner Brust und sogar in deinem Bauch aktiviert. Es ist, als würde dein Körper sein eigenes Mini-Workout machen, und du bleibst danach mit diesem *ahhhh*-Gefühl zurück.

Aber warte, da steckt noch mehr dahinter! Niesen setzt tatsächlich einen Schwall Endorphine frei – dieselben Wohlfühl-Chemikalien, die aktiv werden, wenn du Sport treibst oder lachst. Diese Endorphine sind wie ein High-Five deines Gehirns, nachdem der Nieser vorbei ist. Es ist im Grunde die Art deines Körpers zu sagen: *Hey, gute Arbeit beim Reinigen deiner Nase; hier ist eine kleine Belohnung!*

Deshalb fühlen sich Nieser manchmal so großartig an – du bekommst einen schnellen Schub der Erleichterung, einen Endorphin-Boost und, seien wir ehrlich, ein fantastisches Gefühl der Erfüllung. Es ist, als hätte dein Körper gerade die Aktualisierungstaste für dein gesamtes System gedrückt. Also, wenn du das nächste Mal niest, nimm dir einen Moment Zeit, um die kleine Feier zu genießen, die dein Körper nur für dich veranstaltet. Du hast es verdient!

10

WOZU SIND GÄNSEHAUT
EIGENTLICH GUT?

Du kennst bestimmt diese Momente, in denen dich plötzlich ein Schauer überkommt und deine Haut von winzigen Erhebungen übersät wird, fast als hätte sich dein Körper in ein menschliches Nadelkissen verwandelt. Du weißt schon, diese unverkennbare Gänsehaut? Es ist, als ob dein Körper versucht, dir etwas mitzuteilen, aber die Botschaft ist, sagen wir mal, etwas verwirrend. Also, wozu ist diese Gänsehaut eigentlich gut?

Nun, ob du's glaubst oder nicht, Gänsehaut ist tatsächlich ein übergebliebenes eingebautes Feature, das wir von unseren pelzigen Vorfahren geerbt haben. Genau, bevor wir uns zu den glatthäutigen Menschen entwickelt haben, die wir heute sind, hatten unsere höhlenmensch-ähnlichen Verwandten Fell, das ihnen half, warm und gemütlich zu bleiben und größer zu wirken, als sie waren. Wenn ihnen kalt wurde, stellten sich die Haare auf ihren Körpern auf und fingen mehr Luft ein, um sie warm zu halten. Wenn du also Gänsehaut bekommst, macht dein Körper im Grunde genommen seine beste Imitation eines fröstelnden, fellbedeckten Vorfahren, der versucht, es sich gemütlich zu machen – nur dass wir, ähm, kein Fell mehr haben.

Aber Gänsehaut tritt nicht nur auf, wenn dir kalt ist! Sie erscheint auch, wenn du starke Emotionen wie Angst oder Aufregung spürst oder wenn du einen großartigen Song oder eine tolle Geschichte hörst. Das ist als Fight-or-Flight-Reaktion bekannt – dein Körper bereitet sich auf etwas Intensives vor, als ob du entweder deine nächste Naturwissenschaftsprüfung mit Bravour bestehen oder vor einem Grizzlybären mit olympischer Geschwindigkeit weglaufen würdest. Die winzigen Muskeln an der Basis deiner Haarfollikel ziehen sich zusammen, und dadurch bilden sich diese Erhebungen. Es ist, als würde dein Körper sagen: *Ich weiß nicht, ob ich Angst haben, aufgeregt sein oder einfach nur total verwirrt sein soll, also mache ich einfach mal das hier!*

Obwohl Gänsehaut für uns also eigentlich keinen großen Nutzen mehr hat, ist sie eine skurrile Erinnerung daran, wie einzigartig unser Körper ist und dass er immer noch an alten Tricks aus der Vergangenheit festhält – und manchmal ist sie einfach eine lustige Reaktion auf Dinge, die unsere Emotionen in Schwingung versetzen.

WARUM WERDEN DEINE FINGER IM WASSER SCHRUMPELIG?

Sitzen im Schwimmbad oder ein langes Bad können plötzlich dazu führen, dass deine Finger aussehen, als würden sie für die Rolle eines uralten, weisen Wesens in einem Science-Fiction-Film vorsprechen. Es ist, als würden sie sich von glatt und geschmeidig in etwas verwandeln, das eher in eine Rosinenwerbung im Fernsehen gehört als an deinen Körper. Aber warum passiert das? Versucht dein Körper dir nur einen Vorgeschmack darauf zu geben, wie du mit 99 Jahren aussehen wirst? Nicht ganz!

Es stellt sich heraus, dass schrumpelige Finger nicht nur eine seltsame Nebenwirkung davon sind, dass man zu lange im Wasser bleibt; es gibt tatsächlich einen Grund dafür. Dein Körper ist hier ziemlich schlau. Wenn deine Finger – und vielleicht sogar deine Zehen – im Wasser schrumpelig werden, ist das eine Reaktion deines Nervensystems. Dein Körper ist superschlau, und ob du's glaubst oder nicht, dieses Schrumpeln könnte dir tatsächlich helfen, Dinge besser zu greifen. Es ist, als würde man deinen Fingern ein natürliches Paar wasserfester Handschuhe verpassen!

Früher glaubten Wissenschaftler, dass das Schrumpeln einfach das Ergebnis davon war, dass deine Haut Wasser aufnimmt und auf seltsame Weise aufquillt. Forschungen zeigen jedoch, dass es sich eigentlich um einen ziemlich cleveren Überlebenstrick handelt. Die Falten schaffen mehr Oberfläche, was deinen Händen hilft, nasse, rutschige Gegenstände besser zu greifen – ähnlich wie das Profil eines Reifens. Cool, oder? Wenn du also ein Höhlenmensch wärst, der versucht, in einer feuchten Umgebung Nahrung zu sammeln, würden dir deine schrumpeligen Finger einen besseren Griff auf Steine, Pflanzen oder was auch immer du zu fassen versuchst, geben.

Obwohl wir es heutzutage nicht mehr zum Überleben brauchen, ist es immer noch eine skurrile kleine Erinnerung daran, wie sich unsere Körper früher angepasst haben. Und mal ehrlich: Wer genießt nicht einen guten schrumpeligen Finger-Moment, um sich im Schwimmbad oder nach einem Bad besonders interessant zu fühlen?

12

WAS IST DER WAHRE ZWECK DES
ZÄPFCHENS?

Des was? Naja, du kennst doch dieses kleine *baumelnde* Ding, das ganz hinten in deinem Hals herumschwingt, wenn du *Aah* sagst? Genau, das nennt man das Zäpfchen – und nein, es ist nicht nur da, um wie ein seltsamer Schmuck auszusehen oder damit du komisch klingst, wenn du versuchst zu singen. Was ist also der wahre Zweck dieses geheimnisvollen kleinen Fleischstücks, das einfach so in deinem Hals hängt?

Nun, ob du's glaubst oder nicht, das Zäpfchen hat tatsächlich einen ziemlich wichtigen Job zu erledigen. Es ist nicht nur da, um dich zu blamieren, wenn du versuchst, öffentlich zu sprechen, oder um dich selbstbewusst zu machen, wie du aussiehst, wenn du gähnst. Eine seiner Hauptaufgaben ist es, beim Schlucken zu helfen, besonders dabei, zu verhindern, dass Essen und Flüssigkeiten durch deine Nase hochgehen. Du weißt schon, wie dieses eine Mal, als du versucht hast, etwas zu trinken, und es versehentlich aus deiner Nase geschossen kam? Ja, das ist das Zäpfchen bei der Arbeit, das sicherstellt, dass das nicht passiert – zumindest meistens.

Aber das ist noch nicht alles! Das Zäpfchen hilft auch beim Sprechen, indem es unterstützt, wie du bestimmte Laute aussprichst. Es hilft, den Luftstrom und die Vibrationen in deinem Mund und Hals zu kontrollieren, was es zu einem entscheidenden Teil des deutlichen Sprechens macht. Es ist wie der unbesungene Held deiner Stimmbänder, der still seinen Job macht, damit du plaudern kannst, ohne wie ein Durcheinander zu klingen.

Also, während es wie ein zufälliger kleiner Klumpen erscheinen mag, der einfach so herumhängt, ist dein Zäpfchen tatsächlich ein Schlüsselspieler beim Schlucken, Sprechen und bei der Sicherstellung, dass du nicht versehentlich dein Abendessen einatmest. Es ist der unbeachtete Champion deines Halses, der sein Ding macht, ohne jemals um ein Dankeschön zu bitten!

13

GIBT ES EINEN WISSENSCHAFTLICHEN GRUND DAFÜR, DASS MAN KITZLIG IST?

S tellt dir vor, du liest gerade ein tolles Buch, bist völlig entspannt, als plötzlich jemand dir in die Rippen piekst. Sofort windest du dich und brichst in unkontrollierbares Gelächter aus. Was ist da gerade passiert? Du wurdest vom Kitzelgefühl überwältigt.

Die Wissenschaft sagt uns, dass es zwei Arten von Kitzeln gibt. *Knismesis* ist das leichte, kribbelnde Gefühl – wie wenn ein Insekt auf dir landet oder eine Feder dich streift. Es bringt dich vielleicht ein bisschen zum Zappeln, aber normalerweise lässt es dich nicht laut lachen. Dann gibt es noch *Gargalesis*, die Art, die dich in schallendes Gelächter ausbrechen lässt, wenn jemand deine Rippen, Füße oder Achselhöhlen kitzelt.

Wenn du gekitzelt wirst, sendet deine Haut Signale direkt an dein Gehirn, das schnell entscheidet, ob die Empfindung gefährlich oder nur spielerisch ist, und löst deine Lach- und Zappelreaktion aus. Versuchst du, dich selbst zu kitzeln, passiert nichts – dein Gehirn weiß bereits, was du vorhast, und unterbindet die Reaktion.

Einige Wissenschaftler glauben, dass Kitzligkeit ein Überle-
bensmechanismus ist, da deine verletzlichsten Stellen auch
die kitzligsten sind. Andere sagen, es geht nur ums Binden –
Babys lachen, wenn ihre Eltern sie kitzeln, und Freunde
liefern sich Kitzelkämpfe nur zum Spaß. Kurz gesagt, Kitzligkeit ist die seltsame Art deines Gehirns, dich zu schützen
und zum Lachen zu bringen, auch wenn es dich manchmal
ein bisschen in den Wahnsinn treibt.

WAS PASSIERT, WENN DEINE OHREN IM FLUGZEUG PLÖTZLICH KNACKEN?

Das Ohrenknacken – dieses Gefühl, bei dem du am liebsten deinen Kopf ins Kissen drücken würdest, bis es aufhört. Du fliegst gerade auf 10.000 Metern Höhe, genießt deinen Snack im Flugzeug, und plötzlich: knack! Auf einmal fühlen sich deine Ohren an, als hätte sie jemand fachmännisch mit Watte verstopft. *Was passiert da drin? Gehen deine Ohren kaputt? Oder haben sie heimlich etwas gegen dich?*

Nein, es ist nur dein Körper, der sein Ding macht, um dich wohlzufühlen, auch wenn es sich etwas seltsam anfühlt. Wenn du fliegst, verändert sich der Luftdruck in der Flugzeugkabine, während du an Höhe gewinnst oder sinkst. Deine Ohren sind wie kleine druckempfindliche Sensoren, und wenn der Druck in der Kabine nicht mit dem Druck in deinem Mittelohr übereinstimmt, dehnt sich dein Trommelfell, um alles auszugleichen. Daraus resultiert dieses Knack-Geräusch – und ehrlich gesagt, versucht dein Körper damit nur, das Gleichgewicht zu halten.

Normalerweise sind deine Ohren ziemlich gut darin, damit umzugehen. Deine *Eustachischen Röhren* sind »diese winzigen Verbindungsgänge, die dein Mittelohr mit dem hinteren Teil deiner Nase und deinem Rachen verbinden und helfen, den Druck zu regulieren.« Aber manchmal, besonders wenn du erkältet oder verstopft bist oder einfach mit hoher Geschwindigkeit fliegst, können diese Röhren leicht blockiert werden. Dann spürst du, wie sich der Druck aufbaut, und du musst deine Ohren zum Knacken bringen.

Um den Prozess zu beschleunigen, kannst du versuchen zu schlucken, zu gähnen oder sanft auszuatmen, während du deine Nase zuhältst. Denk daran, nicht zu stark zu pusten – es besteht keine Notwendigkeit, eine Druckkrise zu verursachen. Das hilft deinen Eustachischen Röhren, sich zu öffnen und den Druck auszugleichen.

Obwohl das Ohrenknacken also etwas dramatisch klingen mag, ist es eigentlich nur die Art deines Körpers zu sagen: *Ich hab das im Griff – lass mich den Druck regeln.* Wenn nur die Snacks im Flugzeug so gut mit dem Druck umgehen könnten wie deine Ohren!

KANN MAN SO STARK SCHWITZEN, DASS MAN AUF SEINEM EIGENEN KÖRPER AUSRUTSCHT?

D as klingt vielleicht wie etwas, das nur in witzigen Cartoons passiert, aber wenn du jemals den Sportunterricht an einem heißen Tag überlebt hast, *kennst* du diesen Kampf. In einem Moment rockst du noch die Burpees, und im nächsten – *Schwupp!* – rutscht deine Hand unter dir weg, als wärst du auf einem Stück Seife ausgerutscht, das aus... nun ja, dir selbst besteht.

Was passiert da eigentlich? Erstens, wenn du ein Mensch bist, schwitzt du! Die Schweißmenge kann von Person zu Person stark variieren, aber im Durchschnitt verlieren die meisten Menschen beim Sport zwischen 0,5 und 2 Liter Schweiß pro Stunde. Selbst an entspannten Tagen, an denen du dich kaum bewegst, kann dein Körper immer noch etwa 3 Liter abgeben – einfach nur durchs Existieren. Also ja, selbst bei sehr wenig körperlicher Aktivität kannst du wie ein tropfender Wasserhahn lecken.

Meistens saugt deine Kleidung den Schweiß auf, oder er verdunstet einfach. Aber wenn du ohne Shirt, barfuß oder auf einer glatten Oberfläche trainierst, ist es tatsächlich

möglich, im eigenen Schweiß auszurutschen. Nicht häufig –
aber definitiv möglich.

Wenn du jemand bist, der *viel* schwitzt, selbst wenn du dich
nicht viel bewegst, könntest du an etwas leiden, das sich
Hyperhidrose nennt. Das ist nur ein schicker Name für
übermäßiges Schwitzen, das auftritt, wenn deine Schweiß-
drüsen nicht wissen, wann Schluss ist. Es ist absolut real,
ziemlich frustrierend und ja, es kann dein Ausrutschrisiko
deutlich erhöhen. Menschen mit Hyperhidrose sind dafür
bekannt, dass sie Hemden und Schuhe durchnässen und
gelegentlich kleine Pfützen hinterlassen.

Also, kannst du auf deinem eigenen Körper ausrutschen? Ja,
es ist nichts, was jeden Tag passiert, aber es ist definitiv kein
Mythos, besonders wenn dein Körper im vollen Sprinkler-
modus arbeitet. Nur ein weiterer Grund, ein Handtuch
mitzubringen und vielleicht sogar zu überdenken, Liege-
stütze auf Oberflächen zu machen, auf denen du ausrutschen kannst, wenn sie nass sind.

TEIL II

SELTSAME REAKTIONEN UND ALLTÄGLICHE MERKWÜRDIGKEITEN

WARUM LACHEN WIR, WENN JEMAND HINFÄLLT?

J emand stolpert, strauchelt oder macht einen Kopfsprung, und plötzlich musst du dich richtig anstrengen, um nicht laut loszulachen. Es ist, als könnte dein Körper einfach nicht anders, selbst wenn du besorgt bist, dass die Person verletzt sein könnte. *Warum also lachen wir, wenn jemand hinfällt? Sind wir insgeheim alle sadistisch veranlagt, oder steckt da etwas Tiefgründigeres dahinter?*

Nun, es stellt sich heraus, dass es dafür einen psychologischen Grund gibt, und nicht, weil du böse bist. Wenn jemand hinfällt, löst das etwas aus, das als *Inkongruenztheorie* bezeichnet wird – im Grunde finden unsere Gehirne es lustig, wenn Dinge nicht wie erwartet verlaufen. In unserem Alltag sind wir es gewohnt, Menschen aufrecht und ganz normal herumlaufen zu sehen. Wenn also jemand stürzt, ist das ein unerwarteter Moment, und unser Gehirn findet das überraschend, obwohl wir wissen, dass es wahrscheinlich harmlos ist. Es ist, als würde dein Gehirn sagen: *Wow, das sollte eigentlich überhaupt nicht passieren... aber es ist passiert. Und jetzt weiß ich nicht, wie ich reagieren soll, also lache ich einfach drüber.*

Aber hier ist der lustige Teil: Wir lachen auch, weil wir erleichtert sind. Wenn jemand fällt, gibt es diesen winzigen Sekundenbruchteil, in dem wir alle denken: *Oh nein, ist alles in Ordnung?* Aber wenn die Person sofort wieder aufspringt, als wäre nichts passiert, kommt die Erleichterung, und wir können nicht anders, als über die Albernheit der ganzen Situation zu lachen. Es ist fast so, als wäre Lachen die Art unseres Körpers, die Spannung loszuwerden, die mit dem Sturz einherging.

Während es also so scheinen mag, als wären wir alle herzlose Kicherer, ist Lachen tatsächlich eine natürliche Reaktion auf eine Mischung aus Überraschung, Erleichterung und, ehrlich gesagt, der reinen Lächerlichkeit, jemanden plötzlich Teil des Bodens werden zu sehen. Denk nur daran, erst zu prüfen, ob es der Person gut geht – dann kannst du kichern, ohne dich schuldig zu fühlen.

WARUM HALTEN DICH MÜCKEN FÜR EINEN FÜNF-STERNE-SNACK, WÄHREND ALLE ANDEREN VERSCHONT BLEIBEN?

Naturs eigene kleine, summende Vampire, die vom Blut mancher Menschen einfach nicht genug bekommen können: die berüchtigten Mücken. Du chillst gerade draußen oder drinnen, und plötzlich, *zack!* Jemand anderes wird attackiert, während du in Ruhe gelassen wirst. *Warum bevorzugen Mücken manche Menschen gegenüber anderen? Sind sie einfach schlecht darin, Freunde zu finden, oder steckt eine Methode hinter ihrem summenden Wahnsinn?*

Tja, es stellt sich heraus, dass Mücken bei ihrer Essenswahl ziemlich wählerisch sind. Sie suchen sich ihre Opfer nicht zufällig aus; sie haben ihre Vorlieben, und diese Vorlieben sind tatsächlich wissenschaftlich belegt. Erstens werden Mücken von Kohlendioxid angezogen, das wir alle ausatmen. Wenn du also nach ein paar kurzen Sprints wie ein Marathonläufer atmest, bist du möglicherweise ein Hauptziel. Aber es geht nicht nur darum, wie viel Luft du ausstößt; Mücken lieben auch bestimmte Gerüche, die deine Haut und dein Schweiß produzieren. Substanzen wie Milchsäure,

Harnsäure und Ammoniak – lecker, oder? – können dich wie ein Fünf-Sterne-Mücken-Buffet riechen lassen.

Aber warte, es kommt noch mehr! Wenn du eine höhere Körpertemperatur hast oder mehr Körperwärme produzierst, werden Mücken praktisch zu dir hingezogen wie die Motten zum Licht. Wenn du also immer die wärmste Person im Raum bist oder von Natur aus schweißige Füße hast, herzlichen Glückwunsch! Du bist wahrscheinlich der VIP der Mückenwelt.

Und hier ist ein lustiger Fakt: Manche Menschen produzieren von Natur aus mehr von dem Zeug, das Mücken lieben, während andere wie ein *All-you-can-eat-Buffet* für Mücken sind. Es ist nichts Persönliches; Mücken haben einfach ihre Vorlieben, und leider sind einige von uns wandelnde, summende Mückenmagneten.

Wenn du also das nächste Mal draußen bist und alle anderen angegriffen werden, während du in Ruhe deinen Eistee schlürfst, denk daran: Es liegt nicht daran, dass du besser bist als alle anderen; du bist für Mücken einfach nur ein bisschen weniger lecker. Glück gehabt!

18

WARUM KNURRT UNSER MAGEN AM LAUTESTEN, WENN WIR LEISE SIND?

Ein weiterer peinlicher Moment: das unerwartete Magenknurren. Du hängst mit deinen Freunden ab oder sitzt vielleicht im Unterricht, und plötzlich – *bumm* – entscheidet sich dein Magen für einen großen Auftritt und klingt dabei, als würde er für eine Rolle in einer Dschungeldoku vorsprechen. Es passiert immer im ungünstigsten Moment, oder? Also, warum macht dein Magen dieses dramatische Geräusch, wenn du super leise bist?

Nun, der Grund für das Magenknurren ist, dass er dich im Grunde daran erinnert, dass er hungrig ist und auf Essen wartet. Wenn du leise bist, gibt es weniger Geräusche, die das Grummeln aus deinem Magen und Darm überdecken könnten, also wird es viel deutlicher hörbar. Stell dir das als die ganz persönliche Art deines Körpers vor, zu sagen: *Hey du, ich arbeite hier hart! Kannst du mir einen Snack oder so was zuwerfen? Irgendetwas, bitte?*

Dieses Knurren tritt auf, wenn dein Magen und deine Därme versuchen, Nahrung zu verarbeiten, selbst wenn nichts drin ist, was verarbeitet werden könnte. Es ist, als ob dein Verdauungssystem gelangweilt ist und einen kleinen Check-up machen will, um sicherzustellen, dass noch alles funktioniert.

Außerdem geht es nicht nur ums Hungrigsein. Manchmal geht dein Magen in den *Prüfmodus* über, um zu sehen, ob bald Essen kommt. Es ist ein bisschen so, als ob dein Magen das Spiel *Lass-uns-sehen-ob-jemand-merkt-dass-ich-existiere* spielt. Da es normalerweise passiert, wenn es ruhig ist, bemerkt es definitiv jeder. Es ist, als ob der Klang viel lauter wird, wenn du in einem friedlichen Moment bist, besonders im Unterricht oder wenn du mit Freunden abhängst.

Wenn also dein Magen das nächste Mal beschließt, dich an seine Bedürfnisse und seine Anwesenheit zu erinnern, wisse einfach, dass er wirklich nur versucht, deine Aufmerksamkeit zu bekommen. Keine große Sache – die Bäuche aller Leute machen manchmal komische Geräusche. Lach einfach darüber, schnapp dir einen Snack und mach weiter!

KANN MAN WIRKLICH VOR SCHAM STERBEN?

D u hast sicher schon mal jemanden in deinem Freundeskreis sagen hören: »Ich wäre fast vor Scham gestorben.« Vielleicht hast du dich auch schon gefragt: *Kann man wirklich vor Scham sterben?* Du kennst doch dieses Gefühl, wenn du vor deinem Schwarm stolperst oder versehentlich die falsche Person anschreibst und dein Gesicht in 0,5 Sekunden von blass zu tomatenrot wechselt? Es ist das schlimmste Gefühl, oder? Natürlich fragst du dich: *Kann diese ganze Peinlichkeit tatsächlich lebensgefährlich sein?*

Entspann dich. Nein, du kannst nicht wirklich vor Scham sterben. Auch wenn deine Peinlichkeit nicht direkt zum *Game over*-Bildschirm führt, kann sie einige ziemlich lustige Nebenwirkungen haben. Wenn dir etwas peinlich ist, geht dein Körper in den vollen Stressmodus. Dein Herz beginnt zu rasen, dein Gesicht wird rot, und vielleicht fängst du sogar an zu schwitzen oder fühlst dich, als würdest du gleich ohnmächtig werden. Es ist, als würde dein Körper sagen: *Ähm... oh, das ist ein ziemlich unangenehmer Moment;*

lass uns auf diese Situation so reagieren, als ginge es um Leben oder Tod. Aber in Wirklichkeit versuchst du nur, eine soziale Katastrophe zu überleben, nicht einen Herzinfarkt.

Der Grund, warum wir das Gefühl haben, gleich zu sterben, wenn uns etwas peinlich ist, liegt daran, dass unser Körper auf Peinlichkeit genauso reagiert wie auf Angst oder Schrecken. Und richtig geraten, das ist die *Kampf-oder-Flucht-*Reaktion. Anstatt vor einem Bären wegzulaufen, versuchst du, dem emotionalen Bären namens soziale Unbeholfenheit zu entkommen. Dein Körper pumpt Adrenalin und Cortisol aus, Stresshormone, die dich zittrig und erhitzt fühlen lassen und dich am liebsten im Erdboden versinken lassen würden.

Aber keine Sorge! Auch wenn es sich anfühlt, als würde dein soziales Leben in Echtzeit zusammenbrechen, ist es unwahrscheinlich, dass ein bisschen Peinlichkeit dein Leben beendet – es sei denn, es hält dich davon ab, medizinische Hilfe zu suchen, wenn du sie brauchst. Du wirst den gelegentlichen peinlichen Moment überleben und wahrscheinlich später darüber lachen. Denk einfach daran: Das ist jedem schon mal passiert, und dein peinlicher Moment wird viel schneller vergessen sein, als du denkst.

WARUM WERDEN MANCHE
MENSCHEN HANGRY?

H*angry* ist diese magische Kombination aus *hungry* (hungrig) und *angry* (wütend), die selbst den nettesten Menschen in ein Snack-forderndes, kurzangebundenes Monster auf dem Kriegspfad verwandelt. Du hast es bestimmt schon mal erlebt: Jemand ist in bester Stimmung, aber sobald der Magen zu knurren beginnt, schaltet etwas um und plötzlich ist die Person wie ausgewechselt. Also, warum werden Menschen hangry?

Nun, es liegt alles an dem internen Drama deines Körpers. Wenn du eine Weile nichts gegessen hast, sinkt dein Blutzuckerspiegel, und dann kann es ziemlich wild werden. Dein Gehirn braucht Zucker – Glukose – um richtig zu funktionieren, und wenn es nicht die Energie bekommt, die es haben will, sendet es ein Signal aus, das dich, nun ja, zu keinem sehr angenehmen Zeitgenossen macht. Dein Körper schüttet Stresshormone wie Adrenalin und Cortisol aus, die normalerweise dazu da sind, dir bei Gefahr zu helfen, aber in diesem Fall machen sie dich einfach nur gereizt, weil fehlende Nahrung die Gefahr ist. Und weißt du was? Diese miesepetrige Laune, die du plötzlich hast? Das ist die Art deines Körpers, dich zu motivieren, so schnell wie möglich Nahrung zu finden.

Im Grunde sagt dein Gehirn: *Hey, ich bin super hungrig und es geht mir gerade gar nicht gut, also werde ich dafür sorgen, dass du schlecht drauf bist, bis du diese Situation in Ordnung bringst.* Es ist wie eine kleine emotionale Geiselnahme, bei der nur Essen dich retten kann. Außerdem kann Hunger deine Fähigkeit beeinträchtigen, klar zu denken, was es viel schwieriger macht, Entscheidungen zu treffen, wenn du hangry bist. Lust, mit jemandem zu streiten? Ja, Hunger macht es deutlich leichter, andere anzufauchen.

Wenn also das nächste Mal jemand von entspannt zu »Ich schmeiße gleich mein Handy aus dem Fenster, weil ich hungrig bin« wechselt, denk daran, dass hangry zu sein ein echtes Phänomen ist und alles mit dem natürlichen Nahrungsbedürfnis deines Körpers zusammenhängt. Iss etwas und beobachte die Verwandlung zurück in dein normales Ich!

WARUM GÄHNEN WIR, WENN ANDERE ES TUN?

D as Gähnen ist ein universelles Zeichen, das sagt: *Ich bin müde, gelangweilt, oder vielleicht versuche ich einfach nur, Teil der Gruppe zu sein.* Aber hier ist die eigentliche Frage: Warum gähnen wir immer, wenn jemand anderes gähnt? Liegt es daran, dass wir heimlich alle Teil eines uralten Gähn-Kults sind, oder steckt da etwas anderes dahinter?

Nun, es stellt sich heraus, dass Gähnen tatsächlich *ansteckend* ist, und zwar nicht nur, weil Gähnen eine listige Methode ist, um die Aufmerksamkeit aller um dich herum zu bekommen – obwohl das ein ziemlich guter Nebeneffekt ist. Wenn wir jemanden gähnen sehen, reagiert unser Gehirn, indem es diese Handlung nachahmt. Es ist wie eine automatische Reaktion, ähnlich wie du lächelst, wenn jemand anderes lächelt.

Wissenschaftler nennen es *ansteckendes Gähnen*, und es kann alles mit sozialer Bindung zu tun haben. Ja, du hast richtig gelesen: Wenn du als Reaktion auf jemand anderen gähnst, verbindet sich dein Gehirn mit seinem auf eine seltsame, aber völlig menschliche Art. Es ist, als würde dein Gehirn auf seine einzigartige Weise sagen: *Alles klar, ich versteh dich, Alter.*

Aber warum passiert das? Forschungen deuten darauf hin, dass ansteckendes Gähnen mit Empathie zusammenhängt. Wenn wir jemand anderen gähnen sehen, erkennt unser Gehirn es und *fühlt* es – so als würden wir die gleiche Emotion oder Müdigkeit teilen. Wenn dein Freund also gähnt, denkst du vielleicht: *Hey, ja, ich bin auch müde. Lass uns gemeinsam gähnen und daraus eine Gruppenanstrengung machen.* Es ist eigentlich ein Zeichen dafür, dass wir mit den Menschen um uns herum im Einklang sind, was ziemlich cool ist, wenn man darüber nachdenkt.

Und ja, es ist total ansteckend. Du hast es wahrscheinlich selbst erlebt – eine Person gähnt, und innerhalb von Sekunden ist der ganze Raum in einer riesigen Gähn-Kette gefangen. Es ist wie ein Gähn-Dominoeffekt, dem du einfach nicht entkommen kannst. Wenn du dich das nächste Mal dabei ertappst, nach jemand anderem zu gähnen, denk dran: Es ist kein Zufall, sondern soziale Gehirnmagie bei der Arbeit!

22

KANN MAN KRANK WERDEN, WENN MAN MIT NASSEM HAAR DRAUSSEN IST?

Der klassische Mythos *nasses Haar gleich Krankheit* ist etwas, das du während deiner Kindheit wahrscheinlich oft von deiner Mutter gehört hast, stimmt's? »Geh nicht mit nassem Haar nach draußen; du *wirst* dich erkälten!« Es ist wie eine uralte Warnung, die über Generationen weitergegeben wurde, aber ist da überhaupt was dran? Kann man sich wirklich eine Erkältung holen, nur weil man mit feuchtem Haar nach draußen geht?

Nun, die kurze Antwort darauf ist »Nö.« Du wirst dich nicht erkälten, *nur* weil du mit nassem Haar nach draußen gehst. Erkältungen werden durch Viren verursacht – genauer gesagt durch Rhinoviren – nicht durch das Wetter oder den Feuchtigkeitsgrad deiner Haare. Also, nasses Haar wird dich nicht krank machen, aber es wird dich wahrscheinlich frösteln lassen und unangenehm sein.

Allerdings, obwohl nasses Haar nicht direkt Krankheiten verursacht, könnte das Frieren und Unwohlsein dein Immunsystem ein wenig schwächen und dich anfälliger für die Viren machen, die ohnehin schon überall lauern. Wenn du lange Zeit in der Kälte stehst, zitterst und dich elend fühlst, könnte das theoretisch den Viren einen leichteren Weg verschaffen, einzudringen. Aber keine Sorge, wenn du nur schnell zum Supermarkt läufst oder mit nassem Haar zum Unterricht gehst, ist dein Immunsystem wahrscheinlich stark genug, um damit klarzukommen.

Du wirst also wohl kaum mit einer Erkältung aufwachen, nur weil du mit nassem Haar unterwegs warst. Trotzdem ist es immer noch eine gute Idee, dich abzutrocknen, bevor du nach draußen gehst, wenn du warm und bequem bleiben willst. Außerdem gibt es nichts Schlimmeres, als an einem windigen Tag mit kaltem, nassem Haar zu frieren. Glaub mir, deine Haare werden es dir danken.

IST FINGERKNÖCHELKNACKEN SCHLECHT FÜR DICH?

Dieses berüchtigte Knöchelknacken – das Geräusch, das jeden um dich herum in eine kleine Panikattacke versetzt, als würden sie gleich Zeuge irgendeines uralten Rituals. Du hast es sicher schon oft gehört: »Hör auf, mit den Knöcheln zu knacken; du bekommst Arthritis!« Aber stimmt das tatsächlich, oder ist das nur ein weiterer Mythos, der dich schuldig fühlen lassen und deine schlechten Gewohnheiten ändern soll?

Nun, die Wahrheit ist, dass Knöchelknacken keine Arthritis verursacht. Das ist eine Erleichterung, oder? Das Knackgeräusch, das du hörst, sind nur Luftbläschen, die in den Gelenken platzen, wenn du sie dehnst. Es sind nicht etwa Knochen, die aneinander reiben, oder so etwas Gruseliges. Das Geräusch ist harmlos, und es gibt keine verlässlichen wissenschaftlichen Beweise, dass Knöchelknacken zu Arthritis oder langfristigen Schäden führt. Also kannst du ruhig weiter knacken, wenn du willst!

Allerdings gibt es, wie bei den meisten Dingen im Leben, eine kleine Warnung... Während das Knacken deiner

Knöchel vielleicht keine Arthritis verursacht, kann es durchaus zu anderen Problemen führen, mit denen du nicht zu tun haben willst. Wenn du häufig mit den Knöcheln knackst, könntest du die Bänder um die Gelenke reizen oder vorübergehende Beschwerden verursachen. Wenn du ständig und aggressiv knackst, könntest du sogar leichte Schwellungen oder eine verringerte Griffstärke bekommen. Wenn sich deine Knöchel-Knack-Gewohnheit also in eine kleine Obsession verwandelt, könnte es sinnvoll sein, ab und zu eine Pause einzulegen, um deinen Händen etwas dringend benötigte Ruhe zu gönnen.

Letztendlich ist das Knacken der Knöchel ziemlich harmlos, solange es nicht wehtut oder dir Beschwerden bereitet. Sei einfach achtsam und denk daran: Nicht das Geräusch ist das Problem, sondern das ständige Knacken, das zu leichten Schmerzen führen könnte.

24

WAS VERURSACHT SCHLUCKAUF
UND KANN MAN IHN STOPPEN?

Schluckauf könnte man durchaus als den unbeliebtesten Überraschungsgast auf jeder Party bezeichnen. Er taucht einfach aus dem Nichts auf, meist zum ungünstigsten Zeitpunkt, wie mitten im Unterricht oder während du versuchst, jemanden mit deiner *extrem wichtigen* Geschichte zu beeindrucken. Was passiert also, wenn dein Körper plötzlich beschließt, alle paar Sekunden dieses seltsame *hick*-Geräusch von sich zu geben?

Schluckauf entsteht, wenn dein Zwerchfell, der Muskel direkt unter deinen Lungen, plötzlich krampft. Dieser Muskel hilft dir normalerweise, gleichmäßig ein- und auszuatmen, aber wenn er krampft, führt das dazu, dass deine Stimmbänder zuschnappen, und schwupps – schon hast du dieses klassische *hick*-Geräusch. Es ist, als würde dein Körper eine kleine Schluckauf-Party feiern, ohne dich einzuladen. Niemand weiß genau, warum das passiert, aber es könnte durch Faktoren wie zu schnelles Essen, kohlensäurehaltige Getränke oder sogar zu heftiges Lachen ausgelöst werden. Manche Menschen bekommen auch

Schluckauf, wenn sie gestresst oder nervös sind. Im Grunde ist es, als würde dein Körper sagen: *Überraschung! Wir machen jetzt dieses zufällige Ding.*

Aber wie wirst du ihn wieder los? Nun, es gibt zahlreiche schräge *Heilmittel* da draußen: Manche schwören darauf, für ein paar Sekunden die Luft anzuhalten, als ob sie zum längsten Unterwasserabenteuer der Welt abtauchen würden. Dann gibt es andere, die sogar versuchen, kopfüber Wasser zu trinken oder löffelweise Erdnussbutter zu schlucken. Frag mich nicht warum – es funktioniert einfach bei manchen Leuten. Einige glauben sogar, dass ein Schreck der Schlüssel ist, weil anscheinend *nichts einen Schluckauf besser stoppt als ein plötzlicher Schock.* Allerdings gibt es kein Mittel, das garantiert bei jedem wirkt. Es ist ein bisschen wie ein Spiel nach dem Motto *Probier alles aus, bis endlich etwas funktioniert!*

Wenn du also das nächste Mal einen heftigen Fall von Schluckauf hast, denk daran: Es ist nur dein Körper, der sich seltsam verhält, aber es ist harmlos. Und vielleicht probierst du ein paar dieser Schluckauf-Tricks, wenn du dich mutig fühlst! Sei nur nicht überrascht, wenn du vom zu angestrengten Versuch, ihn zu stoppen, noch mehr Schluckauf bekommst.

WARUM ZUCKEN MENSCHEN MANCHMAL KURZ VOR DEM EINSCHLAFEN AUF?

Hast du schon mal diesen Moment erlebt, wenn du gerade dabei bist, in einen friedlichen Schlummer zu fallen, und plötzlich entscheidet dein Körper, *krampfhaft* aufzuwachen, als wärst du auf einem Trampolin? Es ist wie deine persönliche Mini-Achterbahn, die niemand bestellt hat, und es passiert immer zum ungünstigsten Zeitpunkt. Aber was geht eigentlich vor, wenn dein Körper dir einen *überraschenden Weckruf* gibt, kurz bevor du ins Traumland abdriftest?

Diese unwillkürliche Aufwachbewegung nennt man *Einschlafzuckung*, *myoklonischen Ruck* oder *Schlafstart*, und sie ist völlig normal, auch wenn sie ziemlich seltsam ist. Sie tritt auf, wenn deine Muskeln beim Einschlafen beginnen, sich zu entspannen, aber dein Gehirn aus irgendeinem Grund ein bisschen in Panik gerät und denkt, du würdest fallen oder die Kontrolle verlieren. Also sendet es einen Ruck durch deinen Körper, um dich aufzuwecken, als würdest du gleich mit dem Gesicht voran auf den Boden knallen. Dein Gehirn denkt so: *Moment mal, fallen wir gerade? Wach auf, schlafender Soldat!*

Das Faszinierende ist, dass niemand wirklich weiß, warum diese Zuckungen passieren, aber Wissenschaftler haben ein paar Theorien. Eine – die bereits erwähnte – ist, dass dein Gehirn verwirrt werden kann, wenn deine Muskeln sich entspannen, und denkt, dass du tatsächlich fällst. Eine andere Idee ist, dass es sich einfach um einen übergebliebenen Reflex von unseren urzeitlichen Vorfahren handelt, die schnell aufwachen mussten, falls sie dabei waren, von einem Baum zu fallen oder so. Komischer Gedanke: *Frühmenschen, die versuchen, ein Nickerchen zu machen, während sie auf Ästen hocken!* Stress oder Angst können auch dazu führen, dass diese Zuckungen häufiger auftreten. Wenn du also wegen Hausaufgaben oder einer wichtigen Prüfung gestresst bist, könnte dein Körper besonders zappelig sein, während er versucht herunterzufahren.

Die gute Nachricht? Diese Zuckungen sind völlig harmlos. Es fühlt sich vielleicht an wie eine kleine Panikattacke, kurz bevor du einschläfst, aber dein Körper will dich nur beschützen – es ist also wie eine kleine »Whoa, nicht heute«-Bewegung, bevor es dir zu gemütlich wird.

Wenn du also das nächste Mal eines dieser unerwarteten Aufwachen erlebst, denk daran: Dein Körper macht einfach sein Ding und stellt sicher, dass du nicht *ohne Plan* kopfüber ins Kissen stürzt.

26

KANN MAN WIRKLICH VERGESSEN, WIE MAN LÄUFT?

Und ob man das Laufen vergessen kann – wenn du einer der allerersten zweibeinigen Roboter bist. Als Mensch hingegen speichert dein Gehirn diese Fähigkeit wie eine Lieblings-Playlist auf Dauerwiederholung ab, sobald du sie einmal gelernt hast. Es wird automatisch – wie Fahrradfahren oder das instinktive Wissen, wo die Snacks versteckt sind.

Der Teil deines Gehirns, der dafür sorgt, dass das Laufen reibungslos funktioniert, heißt Kleinhirn. Es ist für Gleichgewicht und Koordination zuständig. Selbst wenn du also halb im Schlaf um 2 Uhr nachts zum Kühlschrank schlurfst, weiß dein Körper instinktiv genau, was zu tun ist – ohne dass du groß nachdenken musst.

Aber hier kommt der Clou: Während die meisten Menschen das Laufen nicht einfach *vergessen*, gab es einige seltene Fälle, in denen jemand plötzlich die Fähigkeit verliert, ohne verletzt zu sein. Das nennt sich Funktionelle Neurologische Störung (FNS), und es ist, als würde dein Gehirn auf Pause drücken – nicht weil es kaputt ist, sondern weil es überfordert oder verwirrt ist. Es kann in Zeiten großen Stresses oder großer Angst passieren und lässt Bewegungen wirklich schwierig erscheinen. Wenn das passiert, hören deine Beine auf zu kooperieren, dein Gleichgewicht gerät vielleicht ein bisschen aus der Bahn, und du könntest sogar hinfallen. Es ist nicht vorgetäuscht und in der Regel vorübergehend – aber es ist sehr real.

Und dann gibt es da noch diese alltäglichen peinlichen Momente, wenn dein Fuß eingeschlafen ist oder du zufällig über nichts stolperst. Dein Gehirn weiß immer noch, wie man läuft; dein Körper hinkt nur hinterher. Das ist kein Vergessen – das ist einfach perfekt menschlich.

27

KÖNNEN MENSCHEN OHNE SCHLAF ÜBERLEBEN?

Schlaf: das eine Ding, über das viele Leute gerne jammern, dass sie nicht genug davon bekommen. Aber können Menschen tatsächlich ohne ihn überleben? Können wir einfach in den kompletten *Kein-Schlaf-Modus* schalten und durchs Leben powern, als wären wir irgendwie Superhelden? Kleiner Spoiler: *Nö*. Menschen sind für solche schlaflosen Stunts nicht gebaut.

Schlaf ist wie der persönliche Reset-Knopf deines Körpers. Es ist die Zeit, in der dein Gehirn und dein Körper aufladen, aufräumen und sich auf einen neuen Tag vorbereiten. Ohne Schlaf geht es *bergab*, und zwar schnell. Wenn du tatsächlich versuchst, zu lange ohne Schlaf auszukommen, wirst du dich fühlen, als lebst du in einem wandelnden Albtraum. Das Erste, was passiert, ist, dass dein Gehirn ganz benebelt wird. Es ist, als würdest du versuchen, dein Handy mit einem Prozent Akku am Laufen zu halten – es funktioniert eine Weile, aber irgendwann spinnt es.

Nach nur ein paar Tagen ohne Schlaf wirst du wahrscheinlich vergesslicher sein, Schwierigkeiten haben, dich zu konzentrieren, und vielleicht sogar Dinge sehen, die gar nicht da sind. Ja genau, Halluzinationen. Es ist, als würde dein Gehirn ohne diesen süßen, süßen REM-Schlaf ein bisschen verrückt spielen. Und, wie du dir wahrscheinlich denken kannst, ohne Schlaf geht auch dein Immunsystem den Bach runter, was die Wahrscheinlichkeit erhöht, dass du krank wirst.

Die schlechten Nachrichten hören hier nicht auf. Langfristiger Schlafentzug kann deinen Stoffwechsel durcheinanderbringen und zu Problemen wie Gewichtszunahme, erhöhtem Stresslevel und sogar ernsthaften Gesundheitsproblemen wie Herzerkrankungen führen. Also, auch wenn es sich wie ein Ehrenabzeichen anfühlt, eine Nacht durchzumachen, um die Last-Minute-Hausaufgaben zu erledigen, schadet es dir eigentlich viel mehr, als es nützt.

Jetzt weißt du also, dass Menschen nicht ohne Schlaf überleben können und es auch nicht versuchen sollten. Klar, wir können ein paar Tage durchhalten, aber es ist nicht schön. Also, wenn du das nächste Mal darüber nachdenkst, auf Schlaf zu verzichten, um spät aufzubleiben und durch TikTok zu scrollen oder zu lernen, denk daran: Dein Körper und dein Gehirn werden dir schon mitteilen, dass es Zeit für eine dringend benötigte Pause ist.

TEIL III

ESSEN - SPASSIGE FAKTEN UND MYTHEN

28

KANN DER VERZEHR VON UNMENGEN KAROTTEN DEINE SEHKRAFT VERBESSERN?

H at man dir jemals gesagt, du sollst deine Karotten essen, damit du besser sehen kannst? Nun, so funktioniert das nicht wirklich. Karotten sind zwar gesund für dich, aber sie werden dir weder Nachtsicht verleihen noch dich in einen Superhelden verwandeln.

Diese ganze Idee begann eigentlich im Zweiten Weltkrieg. Britische Piloten nutzten Radar, um feindliche Flugzeuge in der Nacht aufzuspüren, aber um das geheim zu halten, verbreitete das Militär das Gerücht, sie hätten einfach nur viele Karotten gegessen. Die Leute glaubten es und plötzlich dachten alle, Karotten wären magisch für die Sehkraft.

Karotten sind tatsächlich extrem gesund und vollgepackt mit Vitamin A, das dabei hilft, deine Augen funktionsfähig zu halten. Wenn du wirklich einen Vitamin-A-Mangel hast, kann sich deine Sehkraft verschlechtern, besonders im Dunkeln. Karotten helfen also, aber sie werden dir nicht ermöglichen, durch Wände zu sehen oder die Fernbedienung schneller zu finden.

Anstatt dich mit Karotten vollzustopfen, solltest du, wenn du wirklich auf deine Augen achten willst, nicht stundenlang vor dem Bildschirm hängen, versuchen, nicht bei schlechter Beleuchtung zu lesen, und vielleicht nicht 5 cm vom Fernseher entfernt sitzen. Es stellt sich heraus, dass Eltern manchmal doch recht haben. Außerdem: Bring Abwechslung rein - grünes Blattgemüse, Eier und Fisch sind ebenfalls gut für deine Augen.

Also ja, Karotten sind gut für dich, aber sie sind kein magisches Heilmittel für eine 100-prozentige Sehkraft. Iss sie, weil sie lecker sind, nicht weil du hoffst, im Dunkeln wie Katzen sehen zu können.

29

BLEIBT VERSCHLUCKTER KAUGUMMI WIRKLICH SIEBEN JAHRE IM BAUCH?

Chancen stehen gut, dass du die Warnung schon gehört hast: »Schluck deinen Kaugummi nicht runter! Der bleibt sieben Jahre lang in deinem Magen kleben!« Klingt gruselig – und vielleicht hast du bereits Bilder von einem Kaugummi-Friedhof in deinem Inneren. Aber entspann dich; es gibt wirklich keinen Grund zur Sorge. Das ist nur ein Mythos. Dein Magen wird sich nicht in ein Kaugummi-Museum verwandeln, und du wirst nicht eines Tages aufwachen und voller alter, ungekauter Klumpen sein wie ein wandelnder Kaugummiautomat.

Kaugummi besteht aus einer gummiartigen Grundlage, die dein Körper nicht so abbauen kann wie normale Nahrung. Das bedeutet aber nicht, dass er sich für den Großteil eines Jahrzehnts in deinem Magen einnistet. Dein Verdauungssystem ist eine gut geölte Maschine, und alles, was es nicht verdauen kann, wie Kaugummi, Maiskörner und das LEGO-Teil, das dein kleiner Cousin verschluckt hat, wandert einfach weiter, bis es – ja, du hast es erraten – am anderen Ende wieder herauskommt.

Bevor du jetzt anfängst, deinen ganzen Kaugummi-Vorrat zu verschlucken, seien wir ehrlich: Zu viel auf einmal runterzuschlucken kann zu einer Verstopfung führen. Die Beschwerden und möglichen Schmerzen könnten deine Eltern dazu bringen, dich in die Notaufnahme zu bringen, und wer weiß, was dann kommt – was du sicher nicht genießen würdest.

Du könntest es ein bisschen mit einem Stau vergleichen – einem, der nicht bei Hauptverkehrszeit stattfindet, sondern in deinen Eingeweiden. Es kommt selten vor, aber es ist passiert, und glaub mir, du willst nicht die Person sein, die das einem Arzt erklären muss. Auch wenn ein Stück dich nicht in einen menschlichen PEZ-Spender verwandeln wird, ist es trotzdem besser, es in den Mülleimer zu spucken... Ja, du hast richtig gehört... in den Mülleimer... *nicht* unter deinen Tisch, *nicht* auf den Bürgersteig und definitiv *nicht* auf den Schuh deines Freundes. Glaub mir, dein Verdauungssystem und die Turnschuhe anderer Leute werden es dir danken!

30

WARUM WERDEN HAARE GRAU?

H ast du schon mal graue Haare bei einer älteren Person bemerkt und gedacht, *Wow, wie passiert das überhaupt?* Vielleicht hattest du sie das letzte Mal gesehen und ihre Haare hatten noch ihre übliche Farbe, und dann beim nächsten Mal sah es aus, als hätten sie einen Kampf gegen die Zeit oder einen Farbeimer verloren. Das ist nichts, worüber man sich große Sorgen machen muss. Auch wenn es ziemlich cool wäre, graue Haare sind kein Zeichen dafür, dass plötzlich uralte Weisheit freigesetzt wird. Es ist einfach die Art deines Körpers, dir zu zeigen, dass er beschlossen hat, sich von der natürlichen Haarfarbe zu verabschieden.

So funktioniert deine Haarfarbe: Deine Haare bekommen ihre Farbe von Melanin, demselben Pigment, das auch deiner Haut ihre Tönung verleiht. Aber mit zunehmendem Alter beginnen die melaninproduzierenden Zellen in den Haarfollikeln nachzulassen – so ähnlich wie ein Handyakku, der nicht mehr so lange hält wie früher. Weniger Melanin bedeutet weniger Farbe, und schließlich werden die Haare grau, silbern oder sogar weiß. Wenn deine Eltern früh im Leben ergraut sind, besteht eine ziemlich gute Chance, dass du es auch wirst. Sorry, Rückgabe ausgeschlossen. Und obwohl Stress den Prozess ein bisschen beschleunigen kann, wird ein vergeigter Mathetest oder der vergessene Geburtstag deines besten Freundes deine Haare nicht über Nacht ergrauen lassen.

Die gute Nachricht? Graue Haare sind völlig normal, und viele Leute schaffen es, mit diesem Look richtig gut auszusehen. Außerdem werden sie zumindest nicht grün – es sei denn, du übertreibst es mit dem Chlor. In diesem Fall... nun, das ist ein ganz anderes Problem!

31

KANN MAN WIRKLICH
SCHOKOLADENSÜCHTIG WERDEN?

Ob du Schokolade liebst, etwas anderes bevorzugst oder sie dir einfach egal ist – hast du dich je gefragt, ob man tatsächlich süchtig danach werden kann? Ist es möglich, so ein starkes Verlangen zu haben, dass du völlig durchdrehst, wenn du kein Stückchen bekommst? Nun, die gute Nachricht: Du bist wahrscheinlich *technisch gesehen* nicht süchtig. Das bedeutet aber nicht, dass Schokolade leicht zu widerstehen ist, wenn du Lust auf etwas Süßes hast.

Schokolade enthält eine Mischung aus Zucker, Fett und ein wenig Koffein, die alle dafür sorgen können, dass sich dein Gehirn ziemlich gut fühlt. Sie enthält auch etwas, das Theobromin heißt, das einen kleinen Energieschub liefert. Wenn du Schokolade isst, beginnt dein wunderbares Gehirn zu arbeiten und setzt Dopamin frei, diese *Wohlfühl*-Chemikalien, die dich kuschelig und glücklich machen können. Es ist also verständlich, dass Schokolade verlockend sein kann, besonders wenn du Appetit auf etwas Leckeres hast.

Aber süchtig? Nicht wirklich, auch wenn man das Gefühl haben könnte. Anders als bei Substanzen, die eine körperliche Abhängigkeit verursachen, geht es bei Schokoladengelüsten mehr um Gewohnheit und den Genuss von etwas Leckerem, das deine Geschmacksknospen zufriedenstellt. Dein Gehirn liebt einfach diese Belohnung, und mal ehrlich, wer fühlt sich nicht gut nach einem leckeren Snack?

Wenn du merkst, dass du jeden Tag nach einer Tafel Schokolade greifst, solltest du vielleicht auch mal andere Snacks ausprobieren. Keine Verurteilung hier – jeder hat seinen Lieblings-Snack. Denk nur daran: Schokolade zu genießen bedeutet nicht, dass du süchtig bist... es sei denn, du fängst an, Liebesbriefe an einen Milka-Riegel zu schreiben. In diesem Fall sollten wir vielleicht nochmal ausführlicher darüber reden!

32

WAS HAT ES MIT
BAUCHNABELFLUSEN AUF SICH?

Bauchnabelflusen – ja, dieses seltsame kleine Flusenmaterial, das wie aus dem Nichts aufzutauchen scheint, als hätte es sein eigenes Geheimnis. Hast du dich jemals gefragt, was da wirklich vor sich geht? Nun, halt dich fest: Es ist im Grunde eine Mischung aus winzigen Stofffasern, abgestorbenen Hautzellen und allem anderen, was dein Bauchnabel im Laufe des Tages so einsammelt.

Die meisten Flusen stammen von deiner Kleidung, besonders wenn du flauschige oder dunkle Stoffe trägst. Wenn dein Shirt an deiner Haut reibt, brechen winzige Fäden ab und landen irgendwie in deinem Bauchnabel, als wären sie auf einer streng geheimen Mission. Füge etwas Schweiß und ein paar Hautzellen hinzu, und schwupps, hast du eine frische Portion Flusen.

Hier ist ein lustiger Fakt: Menschen mit mehr Körperbehaarung sammeln tendenziell mehr Bauchnabelflusen an. Aber warum? Nun, Bauchhaare wirken wie ein Trichter und leiten all diesen Flaum direkt in deinen Nabel, fast wie ein Faser-Strudel. Die haben's echt gut, oder?

Die gute Nachricht ist, dass Bauchnabelflusen völlig harmlos sind – es sei denn, du sammelst sie aus... Gründen, die wir hier mal nicht vertiefen. Wenn es dich völlig *anekelt*, reinige einfach regelmäßig deinen Bauchnabel, und du wirst eine Weile flusenfrei sein. Aber hier ist die Sache: Egal wie gründlich du putzt, irgendwie, auf irgendeine Weise, finden die Flusen immer wieder zurück. Es ist wie ein Zaubertrick, dem du nicht entkommen kannst.

33

HEMMT KAFFEE WIRKLICH DEIN WACHSTUM?

Haben deine Eltern dir gesagt, dass Kaffeetrinken dich davon abhalten könnte, größer zu werden? Du nimmst einen Schluck zu viel und – bumm! – dein Wachstumsschub ist offiziell gestrichen. Das ist nur ein weiterer Mythos. Kaffee lässt dich tatsächlich weder schrumpfen noch nimmt er dir die Chance, deine volle Körpergröße im Leben zu erreichen.

Dieses Gerücht entstand vor langer Zeit, als die Leute glaubten, dass Koffein unsere Knochen schwächt und das Wachstum hemmt. Aber die Wahrheit ist, die Wissenschaft sagt etwas anderes – Kaffee beeinträchtigt deine Größe nicht. Die einzigen Faktoren, die genau bestimmen können, wie groß du wirst, sind deine Gene. Wenn du also ziemlich viele große Menschen in deiner Familie hast, Glückwunsch – du bist wahrscheinlich auf dem besten Weg, auch einer von ihnen zu werden. Das ist ein erheblicher Vorteil im Leben, besonders wenn du versuchst, Dinge an hohen Stellen zu erreichen.

Es ist wichtig zu bedenken, dass Kaffee dich zwar nicht am Wachsen hindert, aber er enthält Koffein, und zu viel davon kann deinen Schlaf stören. Schlaf ist entscheidend für einen wachsenden Körper, denn in dieser Zeit führt dein Körper einen Großteil seiner Reparatur- und Wachstumsarbeiten durch. Wenn du Kaffee trinkst und jede Nacht spät aufbleibst, könntest du dich am nächsten Tag träge fühlen oder – noch schlimmer – gereizt werden, weil du mit leeren Batterien läufst.

Wenn du also den Geruch und Geschmack von Kaffee liebst, dir aber Sorgen um deine Größe machst, keine Panik – alles gut. Denk nur daran, dass es wahrscheinlich keine gute Idee ist, Espresso-Shots zu trinken, als wärst du ein überarbeiteter Büroangestellter. Du wirst später im Leben noch genug Zeit dafür haben, wenn du ein bisschen größer und koffeintoleranter bist!

34

WARUM BRINGEN ZWIEBELN UNS ZUM WEINEN?

Zwiebeln zu schneiden fühlt sich manchmal an, als wärst du mitten in einer emotionalen Filmszene gelandet. Eben schneidest du noch ganz ruhig vor dich hin, und im nächsten Moment, wumms! Die Tränen laufen dir übers Gesicht, als würdest du gerade den traurigsten Film aller Zeiten schauen. Aber keine Sorge, Zwiebeln haben nichts gegen dich persönlich. Sie besitzen einfach einen eingebauten Schutzmechanismus, der zufällig deine Augen ins Visier nimmt.

Was passiert da also genau? Nun, wenn du in eine Zwiebel schneidest, zerstörst du im Grunde ihre Zellen, die dann eine Flut von Chemikalien in die Luft freisetzen. Eine davon ist Syn-Propanthial-S-oxid. Und viel Glück dabei, das fünfmal hintereinander ganz schnell auszusprechen.

Syn-Propanthial-S-oxid verwandelt sich in ein Gas, das aufsteigt und direkt in deine Augen gelangt. Dein Körper denkt, er wird angegriffen, und beginnt, Tränen zu produzieren, um den Reizstoff wegzuspülen. Schon wird deine Küche zur Kulisse eines emotionalen Tränenkrachers.

Die Zwiebel will sich wahrscheinlich davor schützen, gefressen zu werden, und leider bist du das Ziel. Aber keine Panik, du kannst absolut zurückschlagen! Wenn du deine Zwiebel vor dem Schneiden kühlst, kannst du die chemische Reaktion verlangsamen, sodass die Tränen mit geringerer Wahrscheinlichkeit ihren dramatischen Auftritt haben. Alternativ kannst du, wenn du besonders schlau sein willst, versuchen, die Zwiebel unter fließendem Wasser zu schneiden, um das reizende Gas von deinen Augen fernzuhalten.

Oder, hey, du kannst auch einfach in das Drama eintauchen und alle glauben lassen, dass du einfach *super* emotional wegen des Essens bist. »Ach, mir geht's gut... das sind nur diese Zwiebeln, die mir zusetzen!«

35

WELCHES GERÄUSCH WURDE ZUM OHRENBETÄUBENDSTEN SOUND DER GESCHICHTE GEKÜRT?

O kay, jeder von uns kennt jemanden, der etwas laut ist. Vielleicht ein Geschwisterkind, das durch Räume schreit, oder einen Freund, der wie ein Nebelhorn lacht. Obwohl du manchmal denkst, sie könnten es schaffen, kommt keiner von ihnen auch nur annähernd an den lautesten jemals aufgezeichneten Klang der Geschichte heran.

Der lauteste jemals aufgezeichnete Klang der Geschichte stammte von einem Vulkan. Ja, du hast richtig gelesen. Die Natur hat uns übertönt. 1883 explodierte ein Vulkan namens Krakatoa in Indonesien. Wenn wir explodierte sagen, meinen wir nicht, dass er einfach nur »Bumm« gemacht hat. Er detonierte mit so viel Kraft, dass Menschen in 4.800 Kilometern Entfernung ihn hörten. Das ist, als würdest du einen Knall in London hören, während du in New York abhängst.

Der Schall wird auf etwa 310 Dezibel geschätzt. Die meisten Menschen bekommen bei etwa 120 Dezibel Ohrenschmerzen, was die Schmerzgrenze überschreitet. Krakatoa war so laut, dass er vermutlich Trommelfelle in 64 Kilometern

Entfernung platzen ließ und die Atmosphäre erschütterte. Wissenschaftler sagen, dass die Druckwelle der Eruption viermal um den Planeten wanderte.

Jetzt kommt der ernste Teil: Krakatoas Ausbruch verursachte riesige Tsunamis, zerstörte Dörfer, und mehr als 36.000 Menschen starben. Also ja, während er den Rekord für den lautesten Klang hält, erinnert er uns auch daran, wie mächtig die Natur ist. Es ist eines dieser Ereignisse, die gleichzeitig faszinierend und herzzerreißend sind.

Trotzdem, wenn wir nur über den Klang reden, war er so laut, dass Aliens, hätte Schall durch den Weltraum reisen können, ihre Schiffe umgedreht hätten und gesagt hätten: »Nö. Nicht heute.« Moment, was? Schall kann nicht im Weltraum reisen? Genau!

Schall braucht etwas, wodurch er sich bewegen kann – wie Luft, Wasser oder sogar feste Stoffe. Der Weltraum hat nichts davon, also kann sich Schall nirgendwo hinbewegen. Wenn Krakatoa auf dem Mond ausgebrochen wäre? Völlige Stille. Die Lava würde immer noch überall hinfliegen, aber niemand würde etwas hören.

TEIL IV

DAS GEHIRN UND DAS UNERKLÄRLICHE

36

IST DÉJÀ-VU EIN GEHIRNFEHLER
ODER EIN BLICK IN EIN
PARALLELUNIVERSUM?

Déjà-vu ist »das Gefühl, dass du einen Moment schon einmal erlebt hast, obwohl du dir zu 100% sicher bist, dass das nicht der Fall ist.« Es ist, als ob dein Gehirn einen kleinen Aussetzer hat, der dich glauben lässt, du würdest etwas noch einmal erleben, das tatsächlich zum ersten Mal passiert. Eine Sekunde lang isst du gemütlich ein Sandwich im Unterricht, und dann, wie aus dem Nichts, überkommt dich dieses seltsame Gefühl: *Moment mal, ich war definitiv schon einmal in genau dieser Situation. Samt Sandwich.*

Was passiert da eigentlich? Wissenschaftler glauben, dass Déjà-vu auftritt, wenn die Gedächtnissysteme des Gehirns ein wenig aus dem Takt geraten. Unsere Gedächtnisverarbeitung ist in Kurzzeit- und Langzeitsysteme unterteilt. Man vermutet, dass Déjà-vu entstehen könnte, wenn dein Gehirn etwas Neues als Erinnerung verarbeitet und so ein Gefühl der Vertrautheit erzeugt, obwohl es das gar nicht geben sollte. Es ist, als würde dein Gehirn die aktuelle Situation verzögert verarbeiten; wenn es dann aufholt, registriert es sie fälschlicherweise als etwas, das bereits in der Vergangenheit passiert ist.

Eine andere Theorie besagt, dass Déjà-vu auftritt, wenn das Gehirn eine Ähnlichkeit zwischen dem, was gerade passiert, und einer Erinnerung feststellt, an die du dich nicht bewusst erinnerst. Es könnte ein bestimmter Geruch, eine Szene oder sogar ein Gefühl sein, das dieses falsche Vertrautheitsgefühl auslöst und dein Gehirn denken lässt: *Ich war hier schon einmal.*

Obwohl es noch immer etwas rätselhaft bleibt, deutet die Tatsache, dass Déjà-vu offenbar auftritt, wenn das Gehirn Dinge unkoordiniert verarbeitet, darauf hin, dass es sich eher um einen Schluckauf bei der Gedächtnisverarbeitung als um ein wirklich mystisches Erlebnis handelt. Wenn dich also das nächste Mal ein Déjà-vu überkommt, kannst du lächeln und denken: *Mein Gehirn strapaziert gerade nur seine Gedächtnismuskeln ein bisschen zu sehr.*

37

WARUM SEHEN WIR GESICHTER IN WOLKEN?

Hast du dich jemals dabei ertappt, wie du eine Wolke anstarrst und plötzlich denkst: *Ist das ein Gesicht, das zurückstarrt?* Es ist fast so, als hätte die Wolke ein Geheimnis zu teilen – oder vielleicht versucht sie, dir eine Nachricht zu schicken. Aber keine Sorge; es ist kein mystisches Zeichen oder eine verborgene Wesenheit, die Kontakt aufnimmt – es ist nur dein Gehirn, das tut, was es am besten kann!

Dieses Phänomen nennt man Pareidolie, was ein schickes Wort für die natürliche Neigung des Gehirns ist, in zufälligen Objekten Muster zu erkennen. Das ist der Grund, warum du vielleicht ein Gesicht in einem Felsen, einer Scheibe Toast oder sogar in einem verschütteten Kaffee siehst. Gesichter sind für Menschen wichtig zur Kommunikation, deshalb ist dein Gehirn mit der Zeit richtig gut darin geworden, sie zu erkennen – selbst wenn sie gar nicht da sind.

Wolken bestehen aus winzigen flüssigen Wassertröpfchen oder Eiskristallen, und ihre Formen werden von Faktoren wie Luftbewegung, Dichte und Temperatur beeinflusst, weshalb sie natürlich uneben sind und alle möglichen zufälligen Formen haben. Wenn einige dieser Formen entfernt an Augen, eine Nase oder einen Mund erinnern, wird dein Gehirn aktiv und füllt kreativ den Rest aus. Ehe du dich versiehst, verwandelt sich diese formlose Wolke in deinem Kopf in ein vollständiges Gesicht, und dein Gehirn meint: *Ja, das ist definitiv ein Gesicht.* Es ist fast so, als könnte dein Gehirn nicht widerstehen, ein Spiel von *Was siehst du wirklich?* zu spielen.

Wenn du also das nächste Mal eine Wolke entdeckst, die aussieht, als würde sie dich angrinsen, denk daran: Es ist vielleicht keine Botschaft aus dem Universum; es ist nur dein Gehirn, das sein Ding macht. Und wenn diese Wolke zufällig wie ein berühmter Promi aussieht – hey, warum nicht ein Schwätzchen mit ihr halten?

38

WARUM ERINNERN SICH MANCHE MENSCHEN AN SCHEINBAR SINNLOSE FAKTEN, ALS WÄRE ES EINE SUPERKRAFT?

S tellen wir uns vor, du unterhältst dich mit jemandem, der wie nebenbei einen obskuren Fakt fallen lässt, wie die genaue Anzahl an Jelly Belly Bonbonsorten oder das Geburtsjahr von Napoleon, und du denkst nur: *Wie um alles in der Welt können die sich das merken?* Es ist, als wäre ihr Gehirn eine Schatztruhe voller Zufallswissen, die nur darauf wartet, in den unerwartetsten Momenten geöffnet zu werden.

Was hat es also damit auf sich? Tja, es stellt sich heraus, dass manche Menschen von Natur aus darauf programmiert sind, Informationen zu speichern und abzurufen, die nicht unbedingt *nützlich*, aber, seien wir ehrlich, unglaublich interessant sind. Ihre Gehirne sind wie super-effiziente Aktenschränke mit fachkundig organisierten skurrilen Fakten und Details. Diese Fähigkeit entsteht durch die Art und Weise, wie ihre Gedächtnissysteme arbeiten, was ihnen ermöglicht, Trivialwissen mühelos zu kodieren und abzurufen. Stell dir das wie eine mentale Sammlung von schrägem Wissen vor, das einfach... da ist.

Eine andere Theorie besagt, dass Trivia-Enthusiasten eine tiefe Leidenschaft fürs Lernen haben. Sie sind ständig neugierig, immer auf der Suche nach neuen Fakten, und sie haben große Freude daran, zufällige Leckerbissen zu entdecken – selbst wenn sie sie im echten Leben nie verwenden werden. Es ist, als hätte man eine Enzyklopädie voller lustiger Fakten rein zum Vergnügen.

Während du also vielleicht vergisst, was du letzte Woche zu Abend gegessen hast, kann dieser Trivia-Champion sich an jedes einzelne Detail über die Geschichte von Gummibändern erinnern. Klar, das hilft vielleicht nicht in einer Überlebenssituation, aber es macht den Quizabend definitiv unvergesslich! Diese einzigartige Fähigkeit sollte gefeiert werden – es ist nicht nur zufälliges Wissen, sondern ein Spiegelbild eines Gehirns, das von Neugierde, Wissen und Spaß lebt.

39

WARUM HAT NICHT JEDER EIN FOTOGRAFISCHES GEDÄCHTNIS?

K ennst du jemanden, der sich an jedes winzige Detail eines Raumes erinnern kann, den er vor Jahren besucht hat, oder der eine Szene aus einem Film beschreiben kann, als wäre sie gestern passiert? Während du da sitzt und versuchst, dich zu erinnern, wo du dein Lieblingsbuch vor fünf Minuten hingelegt hast. Was ist da los?

Es stellt sich heraus, dass manche Menschen einfach von Natur aus besser darin sind, ihre Erfahrungen in lebendige, fast *fotografische* Erinnerungen zu verwandeln. Diese Fähigkeit, bekannt als eidetisches Gedächtnis, ermöglicht es ihnen, Bilder, Geräusche und Details mit bemerkenswerter Genauigkeit abzurufen – fast wie beim Durchblättern eines mentalen Fotoalbums. In Wirklichkeit ist ein echtes fotografisches Gedächtnis ziemlich selten. Was die meisten von uns als perfektes Erinnerungsvermögen wahrnehmen, ist eigentlich eine Mischung aus beeindruckenden Gedächtnistechniken in Kombination mit einem Gehirn, das besonders auf visuelle Details eingestellt ist.

Warum passiert das? Ein Teil davon ist genetisch bedingt – manche Gehirne sind von Natur aus besser im Speichern und Abrufen von Bildern. Allerdings spielen Aufmerksamkeit, Fokus und die Anstrengung, die wir in das Erinnern stecken, ebenfalls eine große Rolle. Wenn du jemand bist, der ständig die kleinen Details um dich herum wahrnimmt, wird dein Gehirn sie eher behalten. Stell dir vor, dein Gehirn ist wie eine Kamera, die für die richtige Aufnahme die passende Einstellung braucht.

Wenn du nicht mit dieser *mentalen Kamera* gesegnet bist, mach dir keinen Kopf. Du kannst dein Gedächtnis trotzdem trainieren, damit es schärfer wird – füge einfach etwas mehr Konzentration, Übung und vielleicht ein paar Gedächtnisstützen wie Lernkarten hinzu. Nein, wir laufen nicht alle mit einem perfekten Erinnerungsvermögen herum, aber sich zu erinnern, wo du dein Handy oder deine Bücher hingelegt hast? Das ist schon ein Sieg für sich!

40

WAS IST DAS SELTSAMSTE, DAS JE IN EINEM MENSCHLICHEN KÖRPER GEFUNDEN WURDE?

H alt dich fest – das wird eine ziemliche Achterbahnfahrt. Im Laufe der Jahre haben Ärzte wirklich bizarre Dinge in den Körpern von Menschen entdeckt – Dinge, die dich zusammenzucken lassen, zum Lachen bringen und dich fragen lassen, wie zum Teufel sie überhaupt dort hingekommen sind.

Eine der schockierendsten Entdeckungen? Ein OP-Schwamm, der versehentlich nach einer Operation im Patienten vergessen wurde. Ja, ein ganzer Schwamm wurde jahrelang vergessen und verursachte still und leise Schmerzen, ohne dass die Person es wusste. Erst bei einer weiteren Operation entdeckten die Ärzte den Schwamm. Kannst du dir ihre Überraschung vorstellen, als er zum Vorschein kam? Ich bin sicher, sie haben so etwas gesagt wie: »Also, das hätte nicht passieren sollen.«

Aber das ist erst der Anfang... Es gibt noch mehr! Es gab Fälle, in denen Menschen versehentlich alle möglichen Dinge verschluckt haben – von Haarballen über Münzen bis hin zu Zahnbürsten. Ein Mann hatte eine komplette

Rasierklinge in seinem Verdauungssystem stecken, und nein, ich weiß auch nicht genau, wie das passiert ist. Aber diese Person gehörte zu den Unglücklichen, denn es ist bewiesen, dass Magensäure Rasierklingen auflösen kann. Spoiler-Alarm: Bitte, probier das nicht aus!

Dann gab es da noch die Frau, die aufwachte und eine lebende Kakerlake in ihrem Gehörgang entdeckte. Ärzte vermuteten, dass die Kakerlake während des Schlafens in ihr Ohr gekrochen war. Definitiv nicht die Art von Überraschung, mit der irgendjemand gerne aufwachen würde.

Zum Glück sind solche Vorfälle selten, aber sie zeigen, wie unberechenbar und seltsam das Leben sein kann. Man könnte wohl sagen, dass der menschliche Körper wie eine bizarre Schatzkiste voller Kuriositäten sein kann. Aber bitte, lass uns beim Essen bleiben und scharfe Gegenstände wie Rasierklingen vermeiden.

41

WELCHE SELTSAMEN MEDIZINISCHEN ERKRANKUNGEN WURDEN DOKUMENTIERT?

D er menschliche Körper hält einige ziemlich verrückte Überraschungen bereit – manche Erkrankungen sind so ungewöhnlich, dass man meint, in einem Science-Fiction-Film zu leben. Es gibt viele seltsame Erkrankungen, aber in diesem Beitrag werden wir uns drei besondere genauer ansehen.

1. Zunächst die Hypertrichose: Diese Erkrankung wird manchmal auch als *Werwolf-Syndrom* bezeichnet. Sie verursacht übermäßigen Haarwuchs am ganzen Körper – an Armen, Beinen und sogar im Gesicht. Stell dir vor, du hättest ständig einen Bart, Haare an den Armen und sogar am Rücken! Die Erkrankung ist selten, wurde aber im Laufe der Geschichte immer wieder dokumentiert und wird oft in Familien weitervererbt. Es mag seltsam erscheinen, aber Menschen mit Hypertrichose stehen vor echten Herausforderungen, darunter soziale

Stigmatisierung und die Notwendigkeit ständiger
Pflege.

2. Als Nächstes das Cotard-Syndrom, eine
   Erkrankung, bei der Menschen glauben, sie seien
   tot oder hätten lebenswichtige Organe verloren. Es
   klingt vielleicht wie aus einem Horrorfilm, ist aber
   eine ernsthafte psychische Erkrankung. Die
   Betroffenen erleben tiefe Verzweiflung, weil sie
   glauben, nicht mehr am Leben zu sein, was den
   Alltag extrem schwierig machen kann.

3. Und vergiss nicht die Menschen, die keinen
   Schmerz empfinden können. Nein, das ist keine
   Superkraft; es handelt sich um eine Erkrankung
   namens Kongenitale Schmerzunempfindlichkeit
   (CIP), bei der Menschen überhaupt keinen
   körperlichen Schmerz spüren. Obwohl es wie ein
   Geschenk klingen mag, ist es tatsächlich ziemlich
   gefährlich, da Schmerz uns vor Verletzungen
   schützt. Ohne ihn könnte etwas so Simples wie ein
   Schnitt unbemerkt bleiben und die Person
   ernsthaft gefährden.

Der menschliche Körper hat sicherlich seine Eigenheiten.
Diese seltenen Erkrankungen erinnern uns daran, dass
hinter diesen medizinischen Kuriositäten echte Menschen
stehen, die jeden Tag einzigartige Herausforderungen
bewältigen müssen.

WARUM RIECHEN WIR DINGE, DIE GAR NICHT DA SIND?

Vielleicht bist du schon mal in einen Raum gekommen, hast etwas gerochen und gedacht: *Mmm, frisches Popcorn!* Nur um dann festzustellen, dass nirgendwo Popcorn zu finden ist. Oder du meinst, einen Hauch von Rosen zu riechen, obwohl keine einzige Blume in der Nähe ist. Willkommen in der seltsamen Welt der *Phantosmie*, wo deine Nase dir einen Streich spielt und Phantomgerüche direkt an dein Gehirn sendet.

Warum passiert das eigentlich? Unsere Nasen sind ziemlich erstaunlich darin, Gerüche zu erkennen und an unser Gehirn weiterzuleiten. Aber manchmal, aus Gründen, die wir immer noch nicht vollständig verstehen, kann etwas durcheinander geraten. Es könnte ein *Fehler* im Signal sein oder einfach ein überaktiver Geruchssinn, der deinem Gehirn vorgaukelt, etwas zu erkennen, was in Wirklichkeit gar nicht da ist. Es ist, als würde die Geruchserkennungs-App deines Gehirns plötzlich verrückt spielen und dir zufällige *Geruchsvorschläge* machen.

Es gibt verschiedene Ursachen dafür. Es könnte etwas so Einfaches sein wie eine Erkältung, Allergien oder eine Nasennebenhöhlenentzündung, die deinen Geruchssinn durcheinanderbringt. In anderen Fällen hängt es mit Stress oder sogar neurologischen Problemen zusammen. Aber in den meisten Fällen ist es harmlos und einfach nur eine weitere seltsame Eigenart unseres Körpers.

Wenn du also das nächste Mal überzeugt bist, aus dem Nichts etwas zu riechen, atme tief durch und nimm es mit Humor. Es ist nur dein Gehirn, das ein skurriles Spiel von *Was ist das für ein Geruch?* mit dir spielt – und hey, das Einzige, was wirklich *daneben* ist, ist dein Geruchssinn!

43

KANNST DU STILLE HÖREN?

Kannst du Stille hören? Das klingt vielleicht wie aus einem verwirrenden Film, aber hier ist der Haken: Technisch gesehen kannst du Stille nicht hören, weil sie die Abwesenheit von Geräuschen ist. Bevor du aber denkst, du verlierst den Bezug zur Realität, lass uns das mal genauer betrachten.

Wenn du dich in einem unglaublich ruhigen Raum befindest – denk an schalldichte Räume. Ja, die gibt's wirklich, und sie sind ein bisschen surreal – bemerkst du vielleicht etwas Seltsames: die Geräusche deines eigenen Körpers. Deinen Herzschlag, deinen Atem und sogar das Rauschen des Blutes in deinen Ohren. Es ist, als würde dein Gehirn immer noch auf Hochtouren arbeiten, um Geräusche zu verarbeiten, selbst wenn die Außenwelt still ist. Also, während es sich wie Stille anfühlt, hörst du immer noch, wie dein Körper sein Ding macht.

In extremen Fällen, wie in einem fast völligen Schallvakuum, haben Menschen berichtet, dass sie seltsame, scheinbar zufällige Geräusche hören oder das Gefühl haben, in eine völlig andere Dimension getreten zu sein. Es kann sogar ein bisschen beunruhigend oder verwirrend sein, als ob die Stille selbst dir Streiche spielt. Es ist fast so, als würde dein Verstand, wenn du zu intensiv nach dem Nichts lauschst, anfangen, seine eigenen Geräusche zu erzeugen.

Also, kannst du wirklich Stille hören? Nicht wirklich, aber du kannst sie erleben, und es könnte sich viel seltsamer anfühlen, als du erwartet hättest!

WAS STECKT WISSENSCHAFTLICH HINTER DEM HIRNFROST, UND KANN ER DIR SCHADEN?

K ennst du das Gefühl, wenn du in etwas Kaltes beißt, wie Eiscreme oder einen Slush, und plötzlich fühlt es sich an, als würde dein Gehirn einen Salto in deinem Schädel schlagen? Was passiert da eigentlich? Erleidet dein Gehirn tatsächlich einen Kurzschluss? Oder ist das irgendeine kosmische Strafe dafür, dass du dir noch eine süße Leckerei gönnst?

Keine Sorge, dein Gehirn hat keine Fehlfunktion; es nennt sich tatsächlich *Sphenopalatine Ganglioneuralgie* (Brusie, 2016). Ja, das ist gelinde gesagt ein ziemlicher Zungenbrecher, aber lass dich davon nicht einschüchtern! Was da passiert, ist bei Weitem nicht so beängstigend, wie es klingen mag.

Hier ist, was dabei passiert: Wenn etwas richtig Kaltes den Gaumen deines Mundes berührt, bringt das den Blutfluss in deinem Gehirn durcheinander. Die Blutgefäße verengen sich und weiten sich dann schnell wieder, was einen stechenden Schmerz verursacht. Es ist die ganz eigene Art deines Gehirns zu sagen: *Hey, mach mal langsam mit dem kalten Zeug!*

Warum passiert das also? Nun, du weißt das vielleicht nicht, aber der Gaumen deines Mundes ist mit Schmerzrezeptoren in deinem Kopf verbunden. Ziemlich erstaunlich, oder? Wenn es kalt wird, wird dein Gehirn verwirrt und verteilt den Schmerz über deinen ganzen Kopf. Es ist ein bisschen so, als würdest du versuchen, ein großes Rätsel zu lösen, ohne irgendwelche Hinweise zu haben.

Die gute Nachricht? Hirnfrost ist harmlos – nur ein kurzer, lästiger Moment. Um ihn zu vermeiden, versuche, kleinere Bissen zu nehmen oder lass deine kalte Leckerei etwas aufwärmen, bevor du sie genießt. Aber wenn es passiert, nimm es einfach gelassen; schließlich ist es ein kleiner Preis für die süße Freude an Eiscreme!

TEIL V

BIZARRE
NATURPHÄNOMENE

45

KÖNNEN FISCHE VOM HIMMEL REGNEN?

Vielleicht hast du schon mal Geschichten über Fische gehört, die vom Himmel fallen. Klingt wie aus einem Science-Fiction-Film oder einem verrückten Wetterbericht, oder? Aber warte kurz. Glaub es oder nicht, es passiert tatsächlich – allerdings nicht so, wie du es dir vielleicht vorstellst.

Dieses seltene Ereignis, bekannt als *Fischregen*, tritt auf, »wenn kleine Wasserlebewesen – wie Fische oder Frösche – von starken Stürmen mitgerissen und später wieder auf den Boden zurückfallen.« Aber keine Sorge, es ist kein Zeichen der Apokalypse. Es gibt eine völlig logische, wenn auch ziemlich seltsame Erklärung dafür.

Die häufigste Ursache für Fischregen ist ein Wetterphänomen namens Wasserhose. *Wasserhosen* sind »tornadoähnliche, rotierende Luftsäulen, die sich über Wasser bilden.« Wenn sie stark genug werden, können sie leichte Gegenstände, einschließlich Fische, aufsaugen, während sie über Seen, Flüsse oder Ozeane ziehen. Diese Fische werden hoch in die Luft getragen, reisen manchmal kilometerweit, bevor sie schließlich wieder zu Boden fallen, wenn der Sturm an Kraft verliert.

Berichte über Fischregen gibt es seit Jahrhunderten, und sie wurden in verschiedenen Teilen der Welt dokumentiert, auch in Honduras, wo ein jährliches Ereignis namens *Lluvia de Peces* – Regen der Fische – seit über 100 Jahren beobachtet wird. Erstaunlich, nicht wahr?

Obwohl es wie eine Szene aus einem tollen Fantasy-Roman wirkt, ist Fischregen ein echtes, wenn auch seltenes Naturphänomen. Falls du jemals in einen gerätst, denk daran: Ein Regenschirm reicht vielleicht nicht aus, um dich vor herabfallenden Meeresfrüchten zu schützen!

46

WAS VERURSACHT
»STERNCHENSEHEN«?

Hast du dich schon mal zu schnell aufgerichtet und plötzlich gefühlt, als wärst du mitten in einer Glitterexplosion? Eben war noch alles in Ordnung und im nächsten Moment ist dein Blickfeld voller winziger, funkelnder Lichter. Nein, du entwickelst keine Superkräfte und Aliens versuchen dich auch nicht hochzubeamen. Was tatsächlich passiert, nennt man orthostatische Hypotonie – das ist nur ein schicker Ausdruck dafür, dass dein Blutdruck zu schnell abfällt, wenn du aufstehst.

Wenn du aufstehst, zieht die Schwerkraft dein Blut nach unten, und dein Körper sollte eigentlich schnell reagieren, indem er die Blutgefäße verengt und deine Herzfrequenz erhöht, um ausreichend Blutfluss zum Gehirn aufrechtzuerhalten. Aber manchmal hängt er ein bisschen hinterher und dein Gehirn bekommt kurzzeitig zu wenig Durchblutung. Genau dann erlebst du Schwindel, Benommenheit oder diese seltsamen, sternförmigen Blitze – im Grunde drückt dein Körper die *Bitte warten*-Taste, während er aufholt.

Meistens regelt sich dein Körper innerhalb weniger Sekunden selbst und alles ist wieder gut. Wenn dies jedoch häufig passiert oder wenn du das Gefühl hast, dass du tatsächlich ohnmächtig werden könntest, könnte das ein Zeichen dafür sein, dass etwas anderes nicht stimmt. Dehydrierung, niedriger Blutzucker, bestimmte Medikamente oder zugrunde liegende Gesundheitsprobleme könnten die Ursache sein. Denk daran, dass es sich lohnt, mit deinen Eltern darüber zu sprechen, wenn dies weiterhin passiert.

Wenn du also das nächste Mal zu schnell aufstehst und deine Sicht in ein Feuerwerk explodiert, denk einfach daran: Es ist keine Magie, sondern einfach nur dein Körper, der versucht mitzuhalten. Es besteht kein Grund zur Panik; es ist einfach einer dieser amüsanten Aspekte des Menschseins.

47

WAS PASSIERT, WENN DU EINEN ELEKTRISCHEN SCHLAG BEKOMMST?

D er statische Schlag... In einem Moment gehst du deinen Alltag nach, und im nächsten, *zapp!* Ein kleiner Stromstoß lässt dich zusammenzucken, als hättest du einen Blitzschlag abbekommen. *Was passiert da eigentlich?*

Was du da spürst, ist statische Elektrizität in Aktion. Während du dich bewegst – ob du über einen Teppich schlurfst, deinen Pullover ausziehst oder über einen Autositz rutschst – nimmt dein Körper zusätzliche Elektronen auf und baut eine elektrische Ladung auf. Bestimmte Materialien wie Wolle, Teppich und synthetische Stoffe sind besonders gut darin, diese Elektronen zu übertragen, weshalb du in bestimmten Situationen eher einen Schlag bekommst.

Sobald dein Körper genug Ladung aufgebaut hat, braucht er irgendwo einen Auslass. In dem Moment, in dem du etwas Leitendes berührst – wie eine Metallklinke, einen Lichtschalter oder sogar eine andere Person – entlädt sich diese gespeicherte Energie in einem schnellen Stoß und erzeugt diesen scharfen kleinen Schlag. Es ist im Grunde wie ein Mini-Blitz direkt an deinen Fingerspitzen.

Statische Schläge kommen häufiger vor, wenn die Luft trocken ist, besonders im Winter, weil Feuchtigkeit in der Luft normalerweise dazu beiträgt, dass sich Elektrizität zerstreut, bevor sie sich aufbaut. Wenn die Luft trocken ist, bleiben diese zusätzlichen Ladungen länger bestehen und warten nur auf den perfekten Moment, um dich zu überraschen.

Die gute Nachricht? Statische Schläge sind ziemlich harmlos – sie sind nur ein kleiner Zapper, der dich daran erinnert, dass die Physik immer am Werk ist, selbst wenn du nicht darüber nachdenkst. Wenn du also das nächste Mal einen Schlag bekommst, nimm es nicht persönlich. Die Natur hält dich auf Trab oder ermutigt dich vielleicht, in ein gutes Paar Schuhe mit Gummisohlen zu investieren!

48

WARUM LEUCHTEN MANCHE TIERE
MAGISCH IM DUNKELN?

Hast du schon mal nachts im Dunkeln etwas geheimnisvoll Leuchtendes in der Ferne entdeckt? Nein, falsch geraten – es ist kein UFO, und du hast auch keinen Nachtsichtmodus freigeschaltet – es ist einfach nur die Natur, die angibt. Einige Tiere wie Glühwürmchen, Quallen und bestimmte Tiefsee-Fische besitzen die eingebaute Fähigkeit zu leuchten, dank eines Phänomens namens Biolumineszenz – der naturgegebene Knicklichtstab!

Aber warum tun sie das? Nun, das Leuchten dient je nach Tier unterschiedlichen Zwecken, und meistens geht es um Überleben, Kommunikation oder – glaub's oder nicht – Romantik. Für Glühwürmchen dreht sich beim Leuchten alles darum, den perfekten Partner anzulocken. Dieses Funkeln in der Nacht? Das sind quasi Liebesbotschaften der Glühwürmchen. Männchen senden leuchtende Muster aus, um Weibchen zu beeindrucken, und wenn ein Weibchen interessiert ist, blitzt es zurück – wie die Naturversion von Textnachrichten: *Hey...*

Andere Lebewesen, wie bestimmte Quallen und Tiefsee-Fische, nutzen Biolumineszenz zur Tarnung. In den dunkelsten Tiefen des Ozeans hilft ihnen das Leuchten in der gleichen Farbe wie das umgebende Licht, sich einzufügen und Raubtieren zu entgehen. Es ist wie ein Unsichtbarkeitsumhang – nur viel cooler.

Dann gibt es Tiere, die ihr Leuchten nutzen, um Raubtiere zu verwirren oder ihre Beute anzulocken. Manche Tintenfische zum Beispiel erzeugen pulsierende Lichtmuster, um Angreifer abzulenken oder ahnungslose Mahlzeiten anzuziehen. Es ist wie die Unterwasserversion einer Lasershow – nur mit mehr Tentakeln und weniger DJs.

Aber nicht nur wilde Tiere haben diese leuchtende Superkraft; auch manche Haustiere zeigen Biolumineszenz! Bestimmte Katzen- und Hunderassen, besonders solche mit leuchtendem Fell, können unter UV-Licht einen Schimmer abgeben. Dieses Leuchten entsteht durch spezielle Proteine in ihrer Haut und ihren Haaren, die auf ultraviolettes Licht reagieren. Obwohl diese Biolumineszenz nicht natürlich vorkommt wie bei Glühwürmchen, ist es dennoch ein faszinierender kleiner Trick, den Wissenschaftler bei genetisch veränderten Tieren oder unter bestimmten Lichtbedingungen entdeckt haben.

Also, wenn du das nächste Mal etwas Leuchtendes in der Natur oder in deinem eigenen Garten siehst, hol tief Luft und gerate nicht in Panik. Es ist keine Alien-Invasion – nur ein paar unglaubliche Lebewesen, die mit ihren eingebauten Nachtlichtern angeben. Ziemlich cool, oder?

49

WAS STECKT HINTER DEM TYPISCHEN KOPFNEIGEN VON HUNDEN BEIM ZUHÖREN - IST ES NUR NIEDLICH ODER STECKT MEHR DAHINTER?

Hat dein Hund jemals den Kopf geneigt, wenn du mit ihm sprichst, als würde er versuchen, einen geheimen Code zu knacken oder eines von Sherlock Holmes' großen Rätseln zu lösen? Es ist eine der niedlichsten Sachen, die er macht, aber was geht wirklich hinter diesen süßen Augen vor?

Nun, Hunde neigen ihren Kopf aus verschiedenen Gründen, und es läuft meist darauf hinaus, dass sie dich besser verstehen oder sich an etwas erinnern wollen. Erstens, wenn sie den Kopf neigen, passen sie ihre Ohren an, um dich besser zu hören. Ihre Ohren sind unglaublich flexibel, und durch das Neigen des Kopfes können sie das, was sie hören, besser wahrnehmen. Es ist fast so, als würden sie sagen: *Moment mal, was? Kannst du das bitte wiederholen?* Die Neigung hilft ihnen auch, herauszufinden, woher der Ton kommt, fast wie ihre eigene kleine Version von Sonar.

Aber es geht nicht nur ums Hören. Sie versuchen auch, uns besser zu sehen. Hunde sind Experten darin, unsere Gesichter und Emotionen zu lesen. Wenn sie den Kopf neigen, bekommen sie einen besseren Blick auf unsere Ausdrücke. Sie versuchen zu erkennen, ob wir glücklich, verärgert sind oder ob wir sie nur wieder bitten, *Sitz* zu machen. Es ist, als wären sie kleine pelzige Detektive, die alle Hinweise aufnehmen, die wir ihnen geben.

Und seien wir ehrlich: Manchmal versuchen sie uns wahrscheinlich nur für einen Leckerbissen um den Finger zu wickeln! *Oh, bitte gib mir einen Snack!* Es ist ihr Standardtrick, um etwas mehr Liebe oder eine leckere Belohnung zu bekommen. Wenn dein Hund dir also diesen niedlichen Kopfneiger gibt, dann wisse, dass er entweder versucht, dich zu verstehen, sich an etwas zu erinnern oder – lecker – auf einen Leckerbissen aus ist. So oder so, es ist zu süß, um zu widerstehen!

KANN MAN WIRKLICH EXPLODIEREN, WENN MAN EINEN FURZ ZURÜCKHÄLT?

Die Antwort auf diese Frage ist ein dickes *Nein!* Zwar wirst du nicht explodieren, wenn du einen Furz zurückhältst, aber du wünschst dir vielleicht, dass du es könntest! Wenn du den Druck spürst, liegt das daran, dass dein Körper als Teil des Verdauungsprozesses Gas produziert. Jeden Tag arbeiten dein Magen und deine Därme hart daran, all die leckeren Sachen zu verdauen, die du isst, und dabei entsteht Gas, das – ob du willst oder nicht – irgendwann raus muss.

Wenn du dieses Gas zurückhältst, verschwindet es nicht einfach wie durch Zauberhand. Stattdessen nimmt dein Körper das Gas wieder auf, und du könntest einige ziemlich unangenehme Symptome erleben, wie Blähungen, Beschwerden oder gelegentliche Bauchschmerzen. Du kannst es dir wie einen Versuch vorstellen, zu viele Klamotten in einen viel zu kleinen Koffer zu stopfen – irgendwann gibt etwas nach!

Du wirst also nicht explodieren, wenn du einen Furz zurückhältst, aber es kann unangenehm sein, und dein

Bauch fühlt sich vielleicht etwas merkwürdig an. Wenn du in einer peinlichen Situation versucht bist, einen Furz zurückzuhalten, ist es wahrscheinlich besser, ihn einfach rauszulassen. Allerdings ist es vorzuziehen, zu furzen, wenn du allein bist. Falls dir doch mal ein Furz zur falschen Zeit entweicht, schäm dich nicht oder werde knallrot – denk daran, dass es ein normaler Teil der Verdauung ist, und jeder furzt, selbst die angesagtesten Social-Media-Influencer!

Also mach dir keine Sorgen über eine dramatische Explosion durch das Zurückhalten eines Furzes, aber halt ihn auch nicht zu lange zurück – dein Körper findet vielleicht einen Weg, ihn genau dann rauszulassen, wenn du es am wenigsten willst oder erwartest!

NACHWORT

So, Leute, hier sind wir am Ende dieser wilden, seltsamen und total verrückten Reise. Ihr habt die Antworten auf einige der verblüffendsten Fragen des Lebens gelernt – wie zum Beispiel, warum wir nicht anders können, als zu lachen, wenn jemand stolpert, und warum wir kein ernstes Gesicht bewahren können, wenn unsere eigenen Fürze im Spiel sind. Wir haben alles erkundet, vom geheimnisvollen Zweck eures Zäpfchens – wer wusste überhaupt, dass es sowas gibt? – bis hin zur Frage, ob Fingerknöchel-Knacken wirklich zu Arthritis führt. Spoiler-Alarm: Nein, aber es könnte die Person neben dir trotzdem in den Wahnsinn treiben.

Und vergessen wir nicht die guten Sachen – wie dass das Zurückhalten eines Furzes dich nicht explodieren lässt. Klar, es könnte dir ein unangenehmes Gefühl geben, aber du wirst nicht so bald zu einer wandelnden Zeitbombe. Gott sei Dank, oder? Egal, ob du dies an einem verregneten Nachmittag gelesen oder es benutzt hast, um deine Freunde mit seltsamen Fakten zu verblüffen, ich hoffe, du hattest ein paar Lacher und hast einige lustige Fakten mitgenommen.

Wenn du das nächste Mal mit Freunden abhängst und das Gespräch zu »Warum schläft mein Fuß ein?« oder »Was hat es mit Mundgeruch am Morgen auf sich?« wechselt, wirst du derjenige sein, der alle Antworten und wahrscheinlich auch ein paar epische Witze parat hat. Herzlichen Glückwunsch, du hast offiziell deinen *inoffiziellen* Doktortitel in der Wissenschaft der seltsamen und wunderbaren Fragen, die Teenager haben, erworben!

Denk daran, das Leben ist viel zu kurz, um alles so ernst zu nehmen. Also lach weiter über die kleinen Dinge, stell weiter die großen Fragen und umarme immer das Seltsame. Bis zum nächsten Mal, bleib lustig, neugierig und dein wunderbar einzigartiges Selbst!

Und hey, bitte versuche nicht, diesen Furz zurückzuhalten... lass ihn raus; aber vielleicht nicht in einem überfüllten Aufzug!

LITERATURVERZEICHNIS

Aguirre, C. (2023, 9. Oktober). *Die Wissenschaft des Kitzelns*. Headspace. https://www.headspace.com/articles/is-laughter-the-best-medicine

Flugzeug-Ohr: Symptome und Ursachen. (2019). Mayo Clinic. https://www.mayoclinic.org/diseases-conditions/airplane-ear/symptoms-causes/syc-20351701

Anandanayagam, J. (2024, 9. Januar). *Kann man vor Verlegenheit sterben? Was wir wissen*. Health Digest. https://www.healthdigest.com/1486527/can-embarrassment-cause-death/

Ask the brains: Warum lachen wir, wenn jemand hinfällt? (2008). *Scientific American Mind*, *19*(5), 86-86. https://doi.org/10.1038/scientificamerican mind1008-86

Mundgeruch: Symptome und Ursachen. (2018). Mayo Clinic. https://www.mayoclinic.org/diseases-conditions/bad-breath/symptoms-causes/syc-20350922

Baraza, B. (2024, 26. Dezember). *Wissenschaft dahinter, warum wir unsere eigenen Fürze mögen und was das über Führung und Empowerment aussagt*. Medium. https://medium.com/@Balozi.Baraza/the-science-behind-why-we-like-our-own-farts-and-what-it-says-about-leadership-and-empowerment-9c7fc9f45298

Beaulieu-Pelletier, G. (2023, 13. März). *Warum lachen wir, wenn jemand hinfällt? Das sagt die Wissenschaft dazu*. The Conversation. https://thecon versation.com/why-do-we-laugh-when-someone-falls-down-heres-what-science-says-199367

Bedinghaus, T. (2019). *Verstehen, warum wir manchmal Sterne und Lichtblitze sehen*. Verywell Health. https://www.verywellhealth.com/why-do-i-see-stars-3422028

Begum, T. (o.D.). *Der Ausbruch des Krakatau 1883: Ein Jahr blauer Monde*. Natural History Museum. https://www.nhm.ac.uk/discover/the-1883-krakatau-eruption-a-year-of-blue-moons.html

Begum, J. (2021, 10. November). *11 Fakten über Niesen*. MedicineNet. https://www.medicinenet.com/11_facts_about_sneezes_and_sneezing/arti cle.htm

Bhandari, S. (2021). *Was ist Déjà-vu?* WebMD. https://www.webmd.com/mental-health/what-is-deja-vu

Körperfunktionen erklärt: Gänsehaut. (o.D.). Pfizer. https://www.pfizer.com/
news/articles/bodily_functions_explained_goosebumps

Boyle Wheeler, R. (2019). *Slideshow: Fakten über graues Haar: Wie man es
pflegt und sein Bestes aussieht.* WebMD. https://www.webmd.com/beauty/
ss/slideshow-beauty-gray-hair-facts

Brazier, Y. (2024, 24. Mai). *Flatulenz: Ursachen, Heilmittel und Komplikationen.*
Medical News Today. https://www.medicalnewstoday.com/articles/7622

Breyer, M. (2025, 27. März). *8 Gründe, warum Mücken von dir angezogen
werden.* Verywell Health. https://www.verywellhealth.com/reason-
mosquitoes-bite-some-people-more-others-4858811

Brown, H. (2014, 18. Januar). *7 lustige und ungewöhnliche Fakten über den
menschlichen Körper.* Famous Scientists. https://www.famousscientists.
org/7-fun-and-unusual-facts-about-the-human-body/

Brusie, C. (2016, December 22). *Sphenopalatine ganglioneuralgia: Leitfaden
zum Gehirnfrost.* Healthline. https://www.healthline.com/health/spheno
palatine-ganglioneuralgia-brain-freeze

Cahn, L. (2019, November 11). *11 verrückteste Dinge, die in menschlichen
Körpern gefunden wurden.* Reader's Digest. https://www.rd.com/list/
craziest-things-found-in-peoples-bodies/?__cf_chl_tk=iFOSpzvXvM
LUKSt6LpaHjAVHLorRM7KP8uKRSuNIqbA-1743597594-1.0.1.1-_ZACm
Yon641c9inUu2qMyN_7yDOaZfXEKvS8DwHpxsE

Kann man mit offenen Augen niesen? (2016, December 21). Wonderopolis. https://
www.wonderopolis.org/wonder/can-you-sneeze-with-your-eyes-open

Chan, K. (2024, January 8). *Eidetisches Gedächtnis: Die Realität hinter dem
„fotografischen" Verstand.* Verywell Mind. https://www.verywellmind.
com/eidetic-memory-7692728

Choi, C. Q. (2013, January 9). *Warum Finger & Zehen im Wasser schrumpelig
werden.* Live Science. https://www.livescience.com/26097-why-fingers-
pruney-water.html

Choi, C. Q. (2023, March 18). *Warum legen Hunde ihren Kopf schief?* Live
Science. https://www.livescience.com/why-do-dogs-tilt-their-heads

Cirino, E. (2018, March 1). *Warum haben wir Augenbrauen: Funktionen, dick,
dünn und mehr.* Healthline. https://www.healthline.com/health/why-do-
we-have-eyebrows

Dargel, C. (2022, September 20). *Kann nasses Haar dich krank machen?* Mayo
Clinic Health System. https://www.mayoclinichealthsystem.org/home
town-health/speaking-of-health/can-wet-hair-make-you-sick

Edwards, M. J., & Bhatia, K. P. (2012). Funktionelle (psychogene) Bewe-
gungsstörungen: Verschmelzung von Geist und Gehirn. *The Lancet
Neurology, 11*(3), 250-260. https://doi.org/10.1016/s1474-4422(11)70310-6

Extance, A. (2016, December 21). *Erklärt: Die Chemie der Fürze*. Chemistry World. https://www.chemistryworld.com/news/explainer-the-chemis try-of-farts/2500168.article

Fastrich, G. M., Kerr, T., Castel, A. D., & Murayama, K. (2018). Die Rolle des Interesses beim Gedächtnis für Quizfragen: Eine Untersuchung mit einer umfangreichen Datenbank. *Motivation Science, 4*(3), 227-250. https://doi.org/10.1037/mot0000087

Franzen, A., Mader, S., & Winter, F. (2018). Ansteckendes Gähnen, Empa-thie und ihre Beziehung zu prosozialem Verhalten. *National Library of Medicine, 147*(12), 1950-1958. https://doi.org/10.1037/xge0000422

Frothingham, S. (2019, February 12). *Was ist Bauchnabelfussel und was sollte ich dagegen tun?* Healthline. https://www.healthline.com/health/belly-button-lint

Frothingham, S. (2020, February 27). *Kannst du mit offenen Augen niesen? Wirst du dir dabei wehtun?* Healthline. https://www.healthline.com/ health/can-you-sneeze-with-your-eyes-open

Galan, N. (2017, August 9). *Was ist Parästhesie? Ursachen und Symptome*. Medical News Today. https://www.medicalnewstoday.com/articles/ 318845

Gallup, A. C., & Wozny, S. (2022). Artübergreifendes ansteckendes Gähnen bei Menschen. *National Library of Medicine, 12*(15), 1908. https://doi.org/ 10.3390/ani12151908

Ghose, T., & Zimmermann, K. A. (2012, December 11). *Pareidolie: Gesichter an ungewöhnlichen Orten sehen*. Live Science. https://www.livescience.com/ 25448-pareidolia.html

Giorgi, A. (2015, September 26). *Alles, was du über Schluckauf wissen musst*. Healthline. https://www.healthline.com/health/hiccups

Gute Frage: Warum fühlt sich Niesen so gut an? (2012, April 18). *CBS News*. https://www.cbsnews.com/minnesota/news/good-question-why-does-sneezing-feel-so-good/

Gotter, A. (2018, March 26). *Mundgeruch am Morgen: Vorbeugung, Ursachen, Behandlung und mehr*. Healthline. https://www.healthline.com/health/ morning-breath

Gray, R. (2022, June 20). Die überraschenden Vorteile von Fingern, die im Wasser schrumpelig werden. *BBC*. https://www.bbc.com/future/article/ 20220620-why-humans-evolved-to-have-fingers-that-wrinkle-in-the-bath

Grucza, A. (2022, April 9). *Was ist angeborene Schmerzunempfindlichkeit?* WebMD. https://www.webmd.com/children/what-is-congenital-insensi tivity-pain

Gupta, P. (2021, September 30). *Warum fühlt sich Niesen gut an?* LifeMD. https://lifemd.com/learn/why-does-sneezing-feel-good

Hunter, A. (2023, October 11). *Kann man mit offenen Augen niesen?* HowStuff-Works. https://science.howstuffworks.com/science-vs-myth/everyday-myths/sneeze-with-eyes-open.htm

Johnson, J. (2024, October 21). *Gähnen: Ursachen und Gründe für ansteckendes Gähnen.* Medical News Today. https://www.medicalnewstoday.com/articles/318414

Khan, M. (2008, April 2). *Wie man sein Magenknurren in der Öffentlichkeit unterdrückt.* WikiHow. https://www.wikihow.com/Keep-Your-Stomach-Quiet-in-Public

Komarla, J. (2023, December 14). *Warum mögen manche Menschen den Geruch ihrer eigenen Fürze?* ZME Science. https://www.zmescience.com/feature-post/health/food-and-nutrition/why-do-some-people-like-the-smell-of-their-own-farts/

Krakatau: Ausbruch, Ursachen & Auswirkungen. (2018, May 9). History. https://www.history.com/articles/krakatoa

Kumar, M. (2024). Erforschung von Träumen und Analyse ihrer Auswirkungen auf das Verhalten. *Research Gate, 12*(1). https://doi.org/10.25215/1201.226

Lazear, R. (2025, March 3). *Wie entstehen Wolkenformen? Ein Wissenschaftler erklärt die verschiedenen Wolkentypen und wie sie bei der Wettervorhersage helfen.* The Conversation. https://theconversation.com/how-are-clouds-shapes-made-a-scientist-explains-the-different-cloud-types-and-how-they-help-forecast-weather-247682

Love, S. (2023, July 10). *Hören wir Stille tatsächlich?* Scientific American. https://www.scientificamerican.com/article/do-we-actually-hear-silence/

Lovering, N. (2022, June 22). *Kann ich schokoladensüchtig sein?* Psych Central. https://psychcentral.com/lib/does-chocolate-addiction-exist

Malchik, A. (2022, August 31). *Der holprige Weg zum laufenden Roboter.* Medium. https://antoniamalchik.medium.com/the-bumpy-road-to-a-walking-robot-c3d5e25e716c

Manto, M., Bower, J. M., Conforto, A. B., Delgado-García, J. M., da Guarda, S. N. F., Gerwig, M., Habas, C., Hagura, N., Ivry, R. B., Mariën, P., Molinari, M., Naito, E., Nowak, D. A., Oulad Ben Taib, N., Pelisson, D., Tesche, C. D., Tilikete, C., & Timmann, D. (2011). Die Rolle des Kleinhirns bei der motorischen Kontrolle - die Vielfalt der Ideen zur Beteiligung des Kleinhirns an Bewegungen. *The Cerebellum, 11*(2), 457-487. https://doi.org/10.1007/s12311-011-0331-9

Marks, H. (2012, August 23). *Träume.* WebMD. https://www.webmd.com/ sleep-disorders/dreaming-overview

Mayo Clinic Staff. (2022, May 26). *Orthostatische Hypotonie (posturale Hypotonie).* Mayo Clinic. https://www.mayoclinic.org/diseases-conditions/ orthostatic-hypotension/symptoms-causes/syc-20352548

McCallum, K. (2022, June 3). Warum werden manche Menschen mehr von Mücken gestochen als andere? *Houston Methodist Leading Medicine.* https://www.houstonmethodist.org/blog/articles/2022/jun/why-are-mosquitoes-attracted-to-some-people-more-than-others/

McDermott, A. (2016, December 20). *Warum sind Menschen kitzlig?* Healthline. https://www.healthline.com/health/why-are-people-ticklish

Mikrofontechnik und die Auswahl eines Gesangsmikrofons für Live-Auftritte. (o. D.). SingWise. https://www.singwise.com/articles/microphone-techni que-and-choosing-a-vocal-microphone-for-live-performance-purposes

Mir, A. (2024, November 3). *Warum leuchten manche Tiere? Die Geheimnisse der Biolumineszenz.* Medium. https://medium.com/the-thinkers-point/ why-do-some-animals-glow-the-secrets-of-bioluminescence-2c91 fa02bc02

Mitchell, C. (2019). *Vermeidung von statischen Elektrizitätsbränden beim Tanken im Winter.* AccuWeather. https://www.accuweather.com/en/weather-news/what-causes-that-annoying-static-shock/338462

Moore, K. (2015, October 6). *Warum knurrt mein Magen?* Healthline. https:// www.healthline.com/health/abdominal-sounds

Morgan, K. K. (2024, February 8). *Ursachen für übermäßiges Schwitzen.* WebMD. https://www.webmd.com/skin-problems-and-treatments/ hyperhidrosis-causes-11

Mulcahy, L. (2023, September 12). Warum du deine aufgenommene Stimme vielleicht nicht magst und wie du sie ändern kannst. *Washington Post.* https://www.washingtonpost.com/wellness/2023/09/12/why-your-recor ded-voice-sounds-different/

Mythos oder Fakt: Karotten essen verbessert die Sehkraft. (2013, August 27). *Duke Health.* https://www.dukehealth.org/blog/myth-or-fact-eating-carrots-improves-eyesight

Mythos oder Fakt: Es dauert sieben Jahre, um Kaugummi zu verdauen. (2013, August 27). *Duke Health.* https://www.dukehealth.org/blog/myth-or-fact-it-takes-seven-years-digest-chewing-gum

Mythen über deine Augen und Sehkraft. (2024, February 13). WebMD. https:// www.webmd.com/eye-health/fact-fiction-myths-about-eyes

Naftulin, J. (2018, June 13). *Warum wir hangry werden, laut Wissenschaft.* Health. https://www.health.com/nutrition/what-is-hangry

Nall, R. (2015, March 9). *Taubheit des Fußes.* Healthline. https://www.health line.com/health/numbness-of-foot

Nichols, H. (2018, June 28). *Träume: Ursachen, Typen, Bedeutung, was sie sind und mehr.* Medical News Today. https://www.medicalnewstoday.com/arti cles/284378

Orf, D. (o. D.). *Der lauteste bekannte Schall war der Ausbruch des Krakatau-Vulkans.* History Facts. https://historyfacts.com/science-industry/fact/ the-loudest-known-sound-was-the-eruption-of-the-krakatoa-volcano/

Osborn, C. (2017, May 8). *26 Mittel gegen Schluckauf.* Healthline. https://www. healthline.com/health/how-to-get-rid-of-hiccups

Palermo, E. (2013, July 1). *Lluvia de Peces: Wenn Fische vom Himmel regnen.* Live Science. https://www.livescience.com/37820-lluvia-de-peces-fish-rain.html

Panoff, L. (2019, June 5). *Sind Karotten gut für deine Augen?* Healthline. https:// www.healthline.com/nutrition/are-carrots-good-for-your-eyes

Pappas, S. (2023, February 1). *Was verursacht Déjà-vu?* Scientific American. https://www.scientificamerican.com/article/what-causes-the-feeling-of-deja-vu/

Pareidolie. (2023). Psychology Today. https://www.psychologytoday.com/za/ basics/pareidolia

Rajan, E. (2019, December 31). *Kaugummi schlucken: Ist das schädlich?* Mayo Clinic. https://www.mayoclinic.org/diseases-conditions/indigestion/ expert-answers/digestive-system/faq-20058446

Rath, L. (2022, February 13). *Cotard-Syndrom: Was ist das?* WebMD. https:// www.webmd.com/schizophrenia/cotards-syndrome

Roland, J. (2017). *Hypertrichose (Werwolf-Syndrom): Ursachen, Behandlungen und Arten.* Healthline. https://www.healthline.com/health/hypertri chosis

Rosa-Aquino, P. (2022, December 17). *Seltsame Berichte behaupten, Menschen würden spontan in Flammen aufgehen, aber die Wissenschaft kann erklären, wie Körper manchmal wie ein Kerzendocht funktionieren.* Business Insider. https://www.businessinsider.com/is-spontaneous-human-combustion-real-or-myth-scientific-evidence

Sadr, J., Jarudi, I., & Sinha, P. (2003). Rolle der Augenbrauen bei der Gesichtserkennung. *Sage Journals, 32*(3), 285-293. https://doi.org/10.1068/ p5027

Santos-Longhurst, A. (2018, July 30). *Wie lange dauert es, bis Kaugummi verdaut ist?* Healthline. https://www.healthline.com/health/how-long-does-gum-take-to-digest

Semple, K. (2017, July 16). Jedes Jahr "regnet es Fische" vom Himmel. Die

Erklärungen variieren. *The New York Times.* https://www.nytimes.com/2017/07/16/world/americas/honduras-rain-fish-yoro.html

Shmerling, R. H. (2018, May 6). Knöchelknacken: Nervig und schädlich oder nur nervig? *Harvard Health Blog.* https://www.health.harvard.edu/blog/knuckle-cracking-annoying-and-harmful-or-just-annoying-2018051413797

Shmerling, R. H. (2020, August 3). Fragen über Gänsehaut? Natürlich hast du die. *Harvard Health Blog.* https://www.health.harvard.edu/blog/wondering-about-goosebumps-of-course-you-are-2020080320688

Sinclair, C. (2022, May 24). Gehörschutz bei Festivals und Konzerten. *Alpine Hearing Protection.* https://www.alpinehearingprotection.com/blogs/party-music/hearing-protection-at-festivals-and-concerts

Singh, N. (2022, April 10). *Wissenschaftler haben herausgefunden, warum Menschen den Geruch ihrer eigenen Fürze mögen.* Medium. https://medium.com/illumination/experts-found-people-like-the-smell-of-their-own-farts-7193c05ba764

Smuts, A. (n.d.). *Humor.* Internet Encyclopedia of Philosophy. https://iep.utm.edu/humor/

Niesen kann bis zu 160 km/h erreichen! (2022). American Renaissance School. https://www.arsnc.org/2022/12/16/7218/coughing-and-sneezing-are-just-some-of-the-more-interesting-and-complicated-ways-the-body-works-to-protect-your-lungs-from-contamination

Songu, M., & Cingi, C. (2009). Der Niesreflex: Fakten und Fiktion. *Therapeutic Advances in Respiratory Disease, 3*(3), 131-141. https://doi.org/10.1177/1753465809340571

Stone, J., Carson, A., & Sharpe, M. (2005). Funktionelle Symptome in der Neurologie: Management. *BMJ Journals, 76*(suppl_1), i13-i21. https://doi.org/10.1136/jnnp.2004.061663

Suni, E., & Dimitriu, A. (2020, October 30). *Träume: Warum wir träumen und wie sie den Schlaf beeinflussen.* Sleep Foundation. https://www.sleepfoundation.org/dreams

So viel Schweiß verlierst du stündlich bei extremer Hitze. (2017, July 5). KHQ Right Now. https://www.khq.com/news/this-is-how-much-sweat-you-lose-each-hour-in-extreme-heat/article_15717480-f697-58f7-b9bf-c0feb5964b85.html

Trudeau, M., & Greenhalgh, J. (2017, 15. Mai). *Gähnen kann soziale Bindungen fördern, sogar zwischen Hunden und Menschen.* NPR. https://www.npr.org/sections/health-shots/2017/05/15/527106576/yawning-may-promote-social-bonding-even-between-dogs-and-humans

Mikrofone verstehen. (2012, 27. Juni). Institute of Museum and Library. https://ohda.matrix.msu.edu/2012/06/understanding-microphones/

Uttekar, P. S. (o.D.). *Wie viel schwitzt ein durchschnittlicher Mensch am Tag?* MedicineNet. https://www.medicinenet.com/how_much_does_an_avera ge_person_sweat_in_a_day/article.htm

Zäpfchen: Anatomie, Funktion & Definition. (2022, 6. April). Cleveland Clinic. https://my.clevelandclinic.org/health/body/22674-uvula

Van, G. (2018, 31. Mai). *Hemmt Kaffee wirklich das Wachstum?* Healthline. https://www.healthline.com/nutrition/does-coffee-stunt-growth

van de Laar, L. (2022, 17. Mai). Niesen: 10 Gründe, Ursachen und Auslöser. *Houston ENT.* https://www.houstonent.com/blog/sneezing-10-reasons-causes-and-triggers

Vandergriendt, C. (2023, 20. März). *Wie lange kann man ohne Schlaf auskommen? Funktionalität, Halluzinationen und mehr.* Healthline. https://www.healthline.com/health/healthy-sleep/how-long-can-you-go-without-sleep

Villazon, L. (o.D.). *Warum fühlt sich Niesen so gut an?* Science Focus. https://www.sciencefocus.com/the-human-body/why-does-sneezing-feel-so-good

Wells, D. (2017, 20. November). *Phantosmie: Rauch, andere häufige Gerüche, Ursachen, Behandlung.* Healthline. https://www.healthline.com/health/phantosmia

Was lockt Mücken an? Die Faktoren verstehen, die sie anziehen. (2024, 23. September). Aptive Environmental. https://aptivepestcontrol.com/pests/mosquitoes/what-attracts-mosquitoes-understanding-the-factors-that-draw-them-in/

Was passiert, wenn man Blähungen zurückhält? (o.D.). Hackensack Meridian Health. https://www.hackensackmeridianhealth.org/en/healthu/2023/11/15/what-happens-if-you-hold-in-farts

Whelan, C. (2020, 22. September). *Warum bringen Zwiebeln uns zum Weinen? Enzyme, Behandlungen & mehr.* Healthline. https://www.healthline.com/health/why-do-onions-make-you-cry

Whitcomb, I. (2022, 18. Juli). *Warum bekommen wir Gänsehaut?* Live Science. https://www.livescience.com/32349-what-causes-goose-bumps.html

Warum sind Menschen kitzlig? (2024, 30. Mai). Cleveland Clinic. https://health.clevelandclinic.org/why-are-people-ticklish

Warum merke ich mir nutzlose Informationen besser als nützliche? (2018). The Naked Scientists. https://www.thenakedscientists.com/articles/questi ons/why-do-i-remember-useless-information-over-useful-information

Warum lachen wir, wenn jemand hinfällt? (2011, 14. Februar). University of Cambridge. https://www.cam.ac.uk/news/why-do-we-laugh-when-someone-falls-over

Warum mögen wir unsere eigenen Blähungen? (2014, 9. November). ScienceAlert. https://www.sciencealert.com/watch-why-do-we-like-our-own-farts

Warum niesen wir? (2021, 16. Juni). Williams Integracare Clinic. https://integracareclinics.com/why-do-we-sneeze/

Warum knallen deine Ohren in Flugzeugen? (2025). Royal Society Te Apārangi. https://www.royalsociety.org.nz/150th-anniversary/ask-me-questions/why-do-your-ears-pop-in-planes/

Warum knallen deine Ohren im Flugzeug? Und andere Flugfragen beantwortet. (2022, August 5). BBC Bitesize. https://www.bbc.co.uk/bitesize/articles/zvcd7v4

Warum zuckt mein Körper, bevor ich einschlafe? (für Jugendliche). (o.D.). Nemours Teens Health. https://kidshealth.org/en/teens/sleep-start.html

Warum schläft mein Fuß ein? (für Kinder). (2025). Kids Health. https://kidshealth.org/en/kids/foot-asleep.html

Warum klingt deine Stimme anders auf einer Aufnahme? (2013, September 14). *BBC.* https://www.bbc.com/future/article/20130913-why-we-hate-hearing-our-own-voice

Warum wir uns Trivialitäten merken: Die Wissenschaft des Gedächtnisses. (2024, Oktober 21). *The Sporcle Blog.* https://www.sporcle.com/blog/2024/10/why-we-remember-trivia/

Winchester, S. (2003). *Krakatoa: Der Tag, an dem die Welt explodierte.* Harper Collins.

Zoppi, L. (2020, Juli 17). *Was man über Mundgeruch am Morgen wissen sollte.* Medical News Today. https://www.medicalnewstoday.com/articles/morning-breath